国家基本职业培训包（指南包 课程包）

保卫管理员

人力资源社会保障部职业能力建设司编制

中国劳动社会保障出版社

图书在版编目（CIP）数据

保卫管理员 / 人力资源社会保障部职业能力建设司编制. -- 北京：中国劳动社会保障出版社，2023

国家基本职业培训包：指南包　课程包

ISBN 978-7-5167-5989-9

Ⅰ. ①保…　Ⅱ. ①人…　Ⅲ. ①保卫工作 – 职业培训 – 教材　Ⅳ. ①D035.33

中国国家版本馆 CIP 数据核字（2023）第 114339 号

中国劳动社会保障出版社出版发行

（北京市惠新东街 1 号　邮政编码：100029）

*

三河市华骏印务包装有限公司印刷装订　新华书店经销

880 毫米 ×1230 毫米　16 开本　5.75 印张　101 千字

2023 年 7 月第 1 版　　2023 年 7 月第 1 次印刷

定价：17.00 元

营销中心电话：400-606-6496

出版社网址：http://www.class.com.cn

编制说明

为深入贯彻落实党的二十大关于“健全终身职业技能培训制度”的部署要求，按照《“十四五”职业技能培训规划》有关职业培训包开发应用工作安排，我部将修订完善和组织开发一批培训需求量大的国家基本职业培训包，在全国范围内培育一批职业培训包应用培训机构。

职业培训包开发工作是新时期职业培训领域的一项重要基础性工作，旨在形成以综合职业能力培养为核心、以技能水平评价为导向，实现职业培训全过程管理的职业技能培训体系，这对于进一步提高培训质量，加强职业培训规范化、科学化管理，促进职业培训与就业需求的有效衔接，推行终身职业技能培训制度具有积极的作用。

国家基本职业培训包由指南包、课程包和资源包三个子包构成，是集培养目标、培训要求、培训内容、课程规范、考核大纲、教学资源等为一体的职业培训资源总和，是职业培训机构对劳动者开展政府补贴职业培训服务的工作规范和指南。

国家基本职业培训包遵循《职业培训包开发技术规程（试行）》的要求，依据国家职业技能标准和企业岗位技术规范，结合新经济、新产业、新职业发展编制，力求客观反映现阶段本职业（工种）的技术水平、对从业人员的要求和职业培训教学规律。

《国家基本职业培训包（指南包　课程包）——保卫管理员》是在各有关

专家的共同努力下完成的。参加编审的主要人员有裴岩、冯治中、邹湘江、徐影、林家海、金娜，在编制过程中得到了中国人民公安大学保安研究中心等有关单位的大力支持，在此一并致谢。

人力资源社会保障部职业能力建设司

目 录

1 指 南 包

2 课 程 包

1

指南包

1.1 职业培训包使用指南

1.1.1 职业培训包结构与内容

保卫管理员职业培训包由指南包、课程包、资源包三个子包构成，结构如图 1 所示。

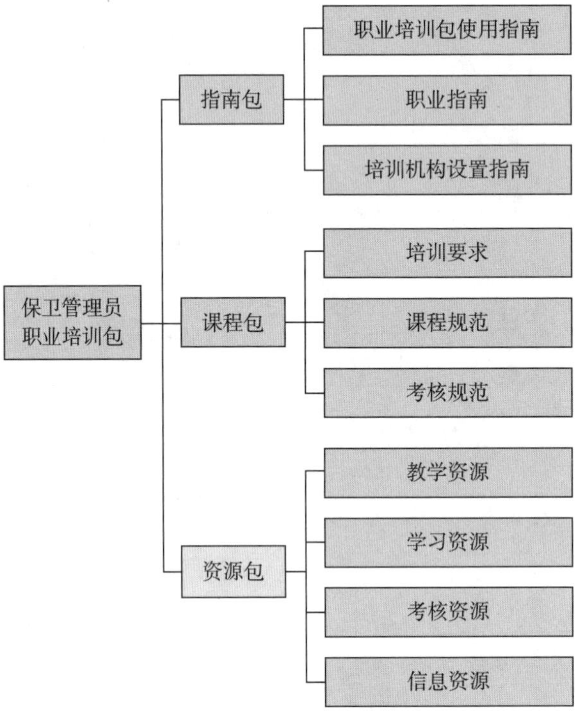

图 1　职业培训包结构图

指南包是指导培训机构、培训教师与学员开展职业培训的服务性内容总合，包括职业培训包使用指南、职业指南和培训机构设置指南。职业培训包使用指南是培训教师与学员了解职业培训包内容、选择培训课程、使用培训资源的说明性文本，职业指南是对职业信息的概述，培训机构设置指南是对培训机构开展职业培训提出的具体要求。

课程包是培训机构与教师实施职业培训、培训学员接受职业培训必须遵守的规范总合，包括培训要求、课程规范、考核规范。培训要求是参照国家职业技能标准、结合职业岗位工作实际需求制定的职业培训规范；课程规范是依据培训要求、结合职业培训教学规律，对课程设置、课堂学时、课程内容与培训方法等所做的统一规定；考核规范是针对课程规范中所规定的课程内容开发的、能够科学评价培训学员过程性学习效果与终结性培训成果的规则，是客观衡量培训学员职业基本素质与职业技能水平的标准，也是实施职业培训过程性与终结性考核的依据。

资源包是依据课程包要求，基于培训学员特征，遵循职业培训教学规律，应用先进职业培训课程理念，开发的多媒介、多形式的职业培训与考核资源总合，包括教学资源、学习资源、考核资源和信息资源。教学资源是为培训教师组织实施职业培训教学活动提供的相关资源；学习资源是为培训学员学习职业培训课程提供的相关资源；考核资源是为培训机构和教师实施职业培训考核提供的相关资源；信息资源是为培训教师和学员拓宽视野提供的，体现科技进步、职业发展的相关动态资源。

1.1.2　培训课程体系介绍

保卫管理员职业培训课程体系依据职业技能等级分为职业基本素质培训课程、三级 / 高级职业技能培训课程、二级 / 技师职业技能培训课程和一级 / 高级技师职业技能培训课程，每一类课程包含模块、课程和学习单元三个层级。保卫管理员职业培训课程体系均源自本职业培训包课程包中的课程规范，以学习单元为基础，形成职业层次清晰、内容丰富的“培训课程超市”。

保卫管理员职业培训课程学时分配一览表

职业技能等级	课堂学时		其他学时	培训总学时
	职业基本素质培训课程	职业技能培训课程		
三级 / 高级	50	80	30	160
二级 / 技师	45	70	25	140
一级 / 高级技师	40	60	20	120

注：课堂学时是指培训机构开展理论课程教学及实操课程教学的建议最低学时数。除课堂学时外，培训总学时还应包括岗位实习、现场观摩、自学自练等其他学时。

（1）职业基本素质培训课程

模块	课程	学习单元	课堂学时
1．职业认知与职业道德	1-1　职业认知	职业认知	1
	1-2　职业道德基本知识	职业道德基本知识	1
	1-3　职业守则	职业守则	1

续表

模块	课程	学习单元	课堂学时
2．基础知识	2-1 基础理论知识	（1）保卫工作的含义与发展历程	2
		（2）保卫工作的性质、特点和作用	2
		（3）保卫工作的方针、原则和任务	1
		（4）保卫工作的监督管理体制和机构设置	1
		（5）保卫工作与社会治安综合治理	2
		（6）单位保卫工作与社会治安防控体系建设	2
	2-2 专业基础知识	（1）安全防范知识	2
		（2）事故预防和调查知识	3
		（3）单位内部犯罪预防知识	4
		（4）治安保卫重点单位及重要部位	2
		（5）单位信息安全与保密知识	2
		（6）消防安全知识	4
		（7）突发事件应急管理知识	2
		（8）反恐怖工作相关知识	2
		（9）道路交通安全知识	1
	2-3 相关法律、法规知识	（1）民事法律知识	2
		（2）劳动与社会保障法律知识	2
		（3）刑事法律知识	2
		（4）治安管理法律知识	2
		（5）国家安全法律知识	2
		（6）行政法规知识	3
		（7）《信访工作条例》相关知识	2
课堂学时合计			50

（2）三级 / 高级职业技能培训课程

模块	课程	学习单元	课堂学时
1．组织防范	1-1 勤务实施	（1）出入口守卫勤务实施	2
		（2）目标部位守护勤务实施	2
		（3）巡逻勤务实施	2
		（4）单位内部道路交通管理勤务	1

续表

模块	课程	学习单元	课堂学时
1．组织防范	1–2　秩序维护	（1）单位治安防范	2
		（2）单位治安保卫制度	1
		（3）单位治安信息收集	2
	1–3　安全检查	（1）安全检查概述	1
		（2）治安隐患排查	2
		（3）矛盾纠纷摸排	2
		（4）保卫勤务执行情况检查	1
	1–4　防卫术应用	（1）防卫术基本知识	4
		（2）防卫的防护技术	4
2．技术防范	2–1　系统辨识	（1）技术防范的基本概念和架构	2
		（2）入侵和紧急报警系统基本组成和功能	2
		（3）视频监控系统基本组成和功能	2
		（4）出入口控制系统	2
		（5）智能技术防范系统	2
		（6）其他技术防范子系统基本组成和功能	2
	2–2　技术防范系统操作	（1）入侵和紧急报警系统操作	1
		（2）视频监控系统操作	1
		（3）出入口控制系统操作	1
		（4）电子巡查系统操作	1
3．保卫管理	3–1　人员管理	（1）单位实有人口管理	2
		（2）单位保卫人员及重要部位工作人员管理	1
		（3）单位保安员管理	2
	3–2　宣传教育	（1）消防、交通安全宣传教育	1
		（2）反恐怖宣传教育	1
		（3）单位群防群治宣传教育	1
		（4）单位法治宣传教育	1
	3–3　档案管理	保卫工作业务档案管理和运用计算机管理保卫工作档案	1
	3–4　文书制作	文书类型与制作方法	1

续表

模块	课程	学习单元	课堂学时
4．应急管理	4–1　先期处置	（1）单位突发事件报告	1
		（2）常用应急设施、装备、物资的类型与使用	2
		（3）单位突发事件现场人员的自救与互救	4
		（4）单位突发事件现场人员安全疏散	4
	4–2　现场秩序维护	（1）单位突发事件现场控制	3
		（2）单位外部应急力量支援	2
5．培训与指导	5–1　培训实施	（1）保安员岗位业务培训	4
		（2）保安员岗位业务考核	2
	5–2　业务指导	（1）保安员岗位业务指导	4
		（2）单位外包服务人员管理与安全教育	1
课堂学时合计			80

（3）二级 / 技师职业技能培训课程

模块	课程	学习单元	课堂学时
1．组织防范	1–1　方案策划	（1）单位治安保卫工作计划编制	2
		（2）单位治安保卫工作总结撰写	2
		（3）单位治安保卫工作实施方案编制	2
		（4）单位治安保卫工作制度制定	2
		（5）单位突发事件应急预案编制	4
	1–2　目标保卫	（1）单位治安保卫重要部位确定	2
		（2）单位治安隐患识别	4
2．技术防范	2–1　系统工程建设管理	（1）入侵和紧急报警系统	2
		（2）视频监控系统	1
		（3）出入口控制系统	1
		（4）其他安全防范子系统	1
		（5）安全防范工程建设基本程序	2
	2–2　安全防范系统运维管理	（1）安全防范系统设备运行的基本要求	2
		（2）安全防范系统设备维护保养的基本要求	1
		（3）安全防范系统检测的基本要求	1
		（4）安全防范系统设备常见故障的表现形式和处置程序	2

续表

模块	课程	学习单元	课堂学时
3．保卫管理	3-1　制度落实	（1）单位保卫工作责任制	3
		（2）单位保卫工作制度执行	2
	3-2　队伍建设	（1）单位保卫人员思想道德教育	2
		（2）单位保卫人员培养计划	3
		（3）单位保卫人员考评	4
4．应急管理	4-1　应急准备	（1）应急演练开展	2
		（2）应急资源调查	1
		（3）应急资源配置和管理	1
		（4）单位反恐怖工作防范措施	2
		（5）单位应急力量日常训练	2
	4-2　应急处置	（1）单位应急预案启动	2
		（2）应急资源调配的基本原则和要求	1
		（3）现场信息管理、沟通的基本方法和措施	4
		（4）现场潜在危险的识别方法	2
5．培训与指导	5-1　培训实施	（1）单位保卫人员业务培训管理	2
		（2）单位保卫人员年度培训工作计划制订	1
		（3）单位保卫人员培训实施方案编制	1
	5-2　业务指导	（1）单位保卫人员业务指导	2
		（2）单位保卫人员业务考核	2
课堂学时合计			70

（4）一级 / 高级技师职业技能培训课程

模块	课程	学习单元	课堂学时
1．组织防范	1-1　规划	（1）单位保卫工作规划编制	1
		（2）单位反恐应急预案编制	2
	1-2　评价	（1）单位保卫工作实施过程监督指导	1
		（2）单位保卫工作制度执行情况评价	2
		（3）单位保卫工作评价	2
		（4）单位涉恐风险评估	4

续表

模块	课程	学习单元	课堂学时
2．技术防范	2–1　系统应用管理	（1）技术防范系统标准化的基本要求	3
		（2）技术防范工程建设规划、程序和相关要求	1
	2–2　系统效能管理	（1）技术防范系统运行使用效能评估的概念和基本原则	2
		（2）技术防范系统运行使用效能评估的程序和要求	2
3．保卫管理	3–1　目标管理	（1）单位保卫工作目标管理	2
		（2）单位安全防范工作评估与决策	1
	3–2　安全风险管理	（1）安全风险评估基础知识	2
		（2）安全风险评估的内容与方法	2
		（3）安全风险评估过程	3
		（4）安全风险评估报告编制	1
	3–3　队伍建设	治安保卫重点单位专职保卫机构与专职保卫人员配置	1
4．应急管理	4–1　应急准备	（1）“组建联合应急处置机构”方案编制	1
		（2）单位应急预案管理	2
		（3）单位应急制度与机制建设	2
		（4）单位应急能力评估	2
	4–2　应急处置	（1）突发事件沟通	2
		（2）突发事件舆情应对	4
		（3）突发事件现场评估	2
	4–3　总结与恢复	（1）应急处置报告编写	1
		（2）应急效果评价	2
		（3）突发事件事后恢复	2
5．培训与指导	5–1　培训实施	（1）单位保卫人员培训需求分析	2
		（2）单位保卫人员培训规划编制和培训预算审核	1
		（3）单位保卫业务培训讲义和教案编写知识	2
	5–2　业务指导	（1）单位保卫人员培训督导	1
		（2）单位保卫人员培训效果评价	2
课堂学时合计			60

1.1.3 培训课程选择指导

职业基本素质培训课程为必修课程，相当于本职业的入门课程。各级别职业技能培训课程由培训机构教师根据培训学员实际情况，遵循高级别涵盖低级别的原则进行选择。

原则上，初入职的培训学员应学习职业基本素质培训课程和三级 / 高级职业技能培训课程的全部内容，有职业技能等级提升需求的培训学员，可按照国家职业技能标准的“鉴定要求”，对照自身需求选择更高等级的培训课程。

具有一定从业经验、无职业技能等级晋升要求的培训学员，可根据自身实际情况自主选择本职业培训课程体系。具体方法为：（1）选择课程模块；（2）在模块中筛选课程；（3）在课程中筛选学习单元；（4）组合成本次培训的课程内容。

培训教师可以根据以上方法对培训学员进行单独指导。对于订单培训，培训教师可以按照如上方法，对照订单需求进行培训课程的选择。

1.2 职业指南

1.2.1 职业描述

保卫管理员是指从事维护机关、团体、企业和事业单位内部治安秩序，开展治安防范，预防违法犯罪，保护单位内部人员和财产安全工作的人员。

1.2.2 职业培训对象

保卫管理员职业培训的对象主要包括：城乡未继续升学的应届高中毕业生、农村转移就业劳动者、城镇登记失业人员、转岗转业人员、退役军人、企业在职职工和高校毕业生等各类有培训需求的人员。

1.2.3 就业前景

保卫管理员可以从事维护机关、团体、企业和事业单位内部治安秩序，开展治安防范，预防违法犯罪，保护单位内部人员和财产安全的工作。

1.3 培训机构设置指南

1.3.1 师资配备要求

（1）培训教师任职基本条件

所有培训教师应具有高等院校本科及以上学历并取得毕业证书，持有中等职业学校及以上教师资格证，掌握通用的教学技能及现代职业教育技术，熟悉相关法律、法规。

1）培训保卫管理员三级 / 高级、二级 / 技师的教师还应具备下列条件之一：

①具有 5 年及以上治安保卫从业工作经历。

②持有任教培训班高一级别的保卫管理员职业资格证书（技能等级证书）或具有相关专业中级及以上专业技术职务任职资格，并有 3 年及以上教学经历。

③具有 10 年及以上军队及武警部队或公安机关工作经历。

2）培训保卫管理员一级 / 高级技师的教师还应具备下列条件之一：

①具有 10 年及以上治安保卫从业工作经历。

②具有相关专业副高级及以上专业技术职务任职资格，并有 5 年及以上教学经历。

③具有 15 年及以上军队及武警部队或公安机关工作经历。

（2）培训教师数量要求（以 30 人培训班为基准）

1）保卫管理员三级 / 高级、二级 / 技师培训班教师数量要求：每班配备专业课教师 2 人（含）以上。其中专业理论教师不少于 1 人，实习指导教师不少于 1 人。培训规模超过 30 人的，按教师与学员之比不低于 1∶20 配备教师。

2）保卫管理员一级 / 高级技师培训班教师数量要求：每班配备专业课教师 3 人（含）以上。其中专业理论教师不少于 1 人，实习指导教师不少于 2 人。培训规模超过 30 人的，按教师与学员之比不低于 1∶20 配备教师。

1.3.2 培训场所设备配置要求

培训场所设备配置要求如下（以 30 人培训班为基准）。

（1）理论知识培训场地设施配置要求

1）现场理论知识培训场地设施配置要求：60 平方米以上标准教室，多媒体教学设备（计算机、投影仪、幕布或显示屏、网络接入设备、音响设备）、黑（白）板、30套以上桌椅，符合照明、通风、安全等相关规定。

2）远程理论知识培训场地设施配置要求：有条件的培训机构可开展远程理论知识培训，远程理论知识培训应能涵盖现场理论知识培训的内容，本职业的操作技能培训应在现场进行。

序号	用具设备及其他物品、材料	数量或规格说明
1	演播室	满足直播和录制功能
2	录像系统	1套，包括广播级摄像机、摄像机控制器、预览监视器、切换台、输出监视器等
3	计算机	2台
4	网络接入设备	1套，200兆及以上，无线Wi-Fi
5	触摸屏	1台
6	白板（黑板）	1块
7	背景系统	1套
8	提词系统	1套，包括提词器、落地三脚架、补光灯等
9	演播桌椅	1套
10	灯光系统	1套
11	演播场所安全保障系统	1套

（2）操作技能培训场所设备配置要求

1）60平方米以上安全技术防范操作间，2台及以上安全技术防范操作台（至少包含视频监控系统、入侵报警系统、楼宇对讲及门禁控制系统的实训装置）。

2）微机室1处，30个机位及以上和配套设备。

3）200平方米以上独立训练场地。

4）障碍物5个及以上，秒表2块及以上，拳击袋2个及以上，散打手（脚）靶10个及以上；对讲机10个及以上；常见灭火器4种及以上，共不少于20个，消防水带（枪）2套及以上；医用绷带20条及以上，心肺复苏模拟人2个及以上；警戒线300米及以上，甩棍5把及以上，防卫训练保护垫100平方米及以上。

1.3.3 教学资料配备要求

（1）培训规范：《保卫管理员国家职业技能标准（2020年版）》《保卫管理员职业基本素质培训要求》《保卫管理员职业技能培训要求》《保卫管理员职业基本素质培训

课程规范》《保卫管理员职业技能培训课程规范》《保卫管理员职业基本素质培训考核规范》《保卫管理员职业技能培训理论知识考核规范》《保卫管理员职业技能培训操作技能考核规范》。

（2）教学资源、教材教辅、网络资源等内容必须符合“（1）培训规范”。

1.3.4 管理人员配备要求

（1）专职校长：1人，应具有本科及以上文化程度、副高级及以上专业技术职务任职资格，从事职业技术教育及教学管理5年以上，熟悉职业培训的有关法律、法规。

（2）教学管理人员：1人以上，专职不少于1人；应具有本科及以上文化程度、中级及以上专业技术职务任职资格，从事职业技术教育及教学管理5年以上，具有丰富的教学管理经验。

（3）办公室人员：1人以上，应具有大专及以上文化程度。

（4）财务管理人员：2人，应具有大专及以上文化程度、财会人员从业资格证书。

1.3.5 管理制度要求

应建立健全完备的管理制度，包括办学章程与发展规划、教学管理、教师管理、学员管理、财务管理、设备管理等制度。

2

课程包

2.1 培训要求

2.1.1 职业基本素质培训要求

职业基本素质模块	培训内容	培训细目
1．职业认知与职业道德	1-1 职业认知	（1）保卫管理员简介 （2）保卫管理员的工作内容
	1-2 职业道德基本知识	（1）道德与职业道德的概念 （2）职业道德的社会作用及表现形式 （3）保卫管理员职业道德规范
	1-3 职业守则	保卫管理员职业守则
2．基础知识	2-1 基础理论知识	（1）保卫工作的含义与发展历程 （2）保卫工作的性质、特点和作用 （3）保卫工作的方针、原则和任务 （4）保卫工作的监督管理体制和机构设置 （5）保卫工作与社会治安综合治理 （6）单位保卫工作与社会治安防控体系建设
	2-2 专业基础知识	（1）单位安全防范知识 （2）事故预防和调查知识 （3）单位内部犯罪预防知识 （4）治安保卫重点单位及重要部位 （5）单位信息安全与保密知识 （6）消防安全知识 （7）突发事件应急管理知识 （8）反恐怖工作相关知识 （9）道路交通安全知识
	2-3 相关法律、法规知识	（1）民事法律知识 （2）劳动与社会保障法律知识 （3）刑事法律知识 （4）治安管理法律知识 （5）国家安全法律知识 （6）行政法规知识 （7）《信访工作条例》相关知识

2.1.2 三级 / 高级职业技能培训要求

职业功能模块	培训内容	技能目标	培训细目
1. 组织防范	1-1 勤务实施	1-1-1 能执行门卫及守护勤务实施方案	（1）出入口守卫的组织开展 （2）查验证件的方法 （3）车辆登记与管理方法 （4）检查物品的方法 （5）出入口守卫常见紧急情况处置 （6）目标部位守护的组织开展 （7）可疑人员和可疑物品处置 （8）目标部位守护中的现场保护
		1-1-2 能执行巡逻勤务实施方案	（1）巡逻装备和器材的使用 （2）巡逻勤务的实施 （3）巡逻中的紧急情况处置 （4）报告和报警的程序及方法
		1-1-3 能执行辖区道路交通管理实施方案	（1）车辆指挥手势的规范及要求 （2）管辖区域交通秩序维护
	1-2 秩序维护	1-2-1 能执行单位治安防范措施	（1）单位治安防范的任务、原则和目标 （2）单位人防力量配置、相关制度和人防管理
		1-2-2 能执行单位治安保卫制度和治安保卫重点单位保卫制度	（1）单位治安保卫制度的一般要求 （2）重点单位治安保卫制度要求
		1-2-3 能收集并报告影响单位秩序的信息	（1）单位治安信息收集的重点 （2）单位治安信息收集的方式
	1-3 安全检查	1-3-1 能检查治安保卫重点单位和单位重要部位安全制度实施情况并建档	（1）安全检查表的特点和格式 （2）安全检查的主要内容 （3）安全检查的程序
		1-3-2 能排查影响单位秩序的治安隐患	（1）单位常见治安隐患的种类及特征 （2）治安隐患排查的一般方法
		1-3-3 能摸排影响单位秩序的矛盾纠纷	（1）影响单位秩序与社会秩序稳定的矛盾纠纷的种类 （2）单位矛盾纠纷摸排的主要对象 （3）单位矛盾纠纷摸排的方法
		1-3-4 能检查单位保卫勤务执行情况	（1）保卫勤务执行情况检查方法 （2）保卫勤务执行情况检查要点

续表

职业功能模块	培训内容	技能目标	培训细目
1．组织防范	1-4 防卫术应用	1-4-1 能运用防卫术实施自我保护	（1）人体要害部位及击打方法 （2）保卫勤务防卫要点 （3）遭受突袭的常见方式和手段 （4）突遭持械犯罪嫌疑人袭击时的防卫战术 （5）突遭徒手犯罪嫌疑人袭击时的防卫战术 （6）盘诘时的防卫 （7）生活器具的利用
		1-4-2 能运用控制技术制止不法侵害	（1）身体戒备姿势基本要求 （2）身体防护基本要求 （3）身体拦截及躲闪
2．技术防范	2-1 系统辨识	2-1-1 能识别常用入侵和紧急报警系统的主要设备并了解其作用	（1）入侵和紧急报警系统基本组成 （2）入侵和紧急报警系统的主要功能 （3）入侵和紧急报警系统主要设备的识别
		2-1-2 能识别常用视频安防监控系统的主要设备并了解其作用	（1）视频安防监控系统基本组成 （2）视频安防监控系统的主要功能 （3）视频安防监控系统主要设备的识别
		2-1-3 能识别常用出入口控制系统的主要设备并了解其作用	（1）出入口控制系统基本组成 （2）出入口控制系统的主要功能 （3）出入口控制系统主要设备的识别
		2-1-4 能识别智能技防等其他技术防范子系统的主要设备并了解其作用	（1）智能技防系统基本组成和功能 （2）智能技防系统主要设备 （3）电子巡查系统基本组成和功能 （4）防盗抢安全烟雾系统基本组成和功能 （5）声波驱离系统基本组成和功能
	2-2 技术防范系统操作	2-2-1 能进行入侵和紧急报警系统的基本操作	（1）入侵和紧急报警系统基本操作程序 （2）入侵和紧急报警系统基本功能操作
		2-2-2 能进行视频安防监控系统的基本操作	（1）视频监控系统基本操作程序 （2）视频监控系统基本功能操作
		2-2-3 能进行出入口控制系统的基本操作	（1）出入口控制系统基本操作程序 （2）出入口控制系统基本功能操作
		2-2-4 能进行其他安全防范系统的基本操作	（1）电子巡查系统基本操作程序 （2）电子巡查系统基本功能操作

续表

职业功能模块	培训内容	技能目标	培训细目
3．保卫管理	3-1 人员管理	3-1-1 能采集并统计单位实有人口信息，能对进入单位的人员进行管理	（1）单位实有人口的范围 （2）单位实有人口信息采集登记要求 （3）单位实有人口信息采集登记程序
		3-1-2 能对单位保安员进行管理	（1）保安服务公司派遣的保安员管理 （2）单位自行招用的保安员管理
		3-1-3 能对重要部位的人员进行安全保卫管理	（1）单位保卫人员管理要求 （2）重要部位工作人员管理要求
	3-2 宣传教育	3-2-1 能开展消防、交通及反恐怖等安全防范宣传教育	（1）消防安全宣传和消防安全教育培训 （2）交通安全宣传教育的内容及形式 （3）反恐怖宣传教育的内容及基本要求
		3-2-2 能开展群防群治宣传	（1）单位群防群治宣传教育的内容 （2）单位群防群治宣传教育的基本要求
		3-2-3 能开展法制宣传教育	（1）法治宣传教育的内容 （2）法治宣传教育的基本要求
	3-3 档案管理	3-3-1 能执行保卫工作业务档案管理制度，收集、整理、制作、保管和检索保卫工作业务档案	（1）保卫工作业务档案的基本类型 （2）保卫工作业务档案管理的基本目标 （3）保卫工作业务档案管理制度建设 （4）保卫工作业务档案的收集 （5）保卫工作业务档案的整理 （6）保卫工作业务档案的编制 （7）保卫工作业务档案的保管 （8）保卫工作业务档案的检索
		3-3-2 能运用计算机技术管理、使用档案	（1）电子档案的概念和特点 （2）运用计算机检索保卫工作业务档案的方法 （3）运用计算机管理保卫工作业务档案的方法
	3-4 文书制作	3-4-1 能制作通知、报告、请示类文书	（1）通知的制作要求 （2）报告的制作要求 （3）请示的制作要求

续表

职业功能模块	培训内容	技能目标	培训细目
3．保卫管理	3-4　文书制作	3-4-2　能制作工作计划、总结、会议记录类文书	（1）工作计划的制作要求 （2）总结的制作要求 （3）会议记录的制作要求
4．应急管理	4-1　先期处置	4-1-1　能发现并报告突发事件基本情况	（1）突发事件现场状况区分 （2）单位应急人力资源配置与调配 （3）单位突发事件报告的基本程序与方法
		4-1-2　能使用、检查、维护保养单位的应急设施、装备、器材、物资	（1）单位应急设施的基本类型 （2）单位应急装备与器材的基本类型 （3）单位应急物资的基本类型 （4）应急设施、装备、器材、物资的使用、检查、维护保养与管理
		4-1-3　能开展现场人员自救与互救	（1）人员自救方法 （2）人员互救方法
		4-1-4　能引导人员安全疏散	（1）人员疏散过程中群集现象控制措施 （2）人员疏散路线与避难场所选择
	4-2　现场秩序维护	4-2-1　能设置警戒线，保护现场，疏导交通与引导应急车辆，实施现场巡逻，隔离危险区域	（1）单位突发事件现场控制方法 （2）警戒线的设置方法 （3）单位突发事件现场疏导交通与引导车辆的方法 （4）单位突发事件现场巡逻基本要求 （5）隔离危险区域的要求和方法
		4-2-2　能引导外部应急力量进入现场	（1）单位外部可用的应急力量类型 （2）寻求单位外部应急力量支援的途径和方法
5．培训与指导	5-1　培训实施	5-1-1　能对保安员进行岗位业务培训	（1）保安员业务培训的方式 （2）保安员业务培训的类型
		5-1-2　能对保安员进行岗位业务考核	（1）保安员岗位业务考核的基本要求 （2）保安员岗位业务考核的内容 （3）保安员岗位业务考核的方法
	5-2　业务指导	5-2-1　能对保安员进行岗位业务指导	（1）保安员岗位业务指导的要求 （2）保安员岗位业务指导的方式 （3）保安员岗位业务指导的方法 （4）保安员岗位业务指导的重点

续表

职业功能模块	培训内容	技能目标	培训细目
5．培训与指导	5-2　业务指导	5-2-2　能对单位外包服务人员进行安全教育	（1）单位外包服务人员的范围 （2）单位对外包服务人员管理的基本要求 （3）单位对外包服务人员管理的重点 （4）单位对外包服务人员安全教育的内容 （5）单位对外包服务人员安全教育的重点

2.1.3　二级／技师职业技能培训要求

职业功能模块	培训内容	技能目标	培训细目
1．组织防范	1-1　方案策划	1-1-1　能制订单位年度治安保卫工作计划	（1）工作计划的概念、特点及主要内容 （2）单位年度治安保卫工作计划的基本框架
		1-1-2　能撰写单位年度治安保卫工作总结	（1）工作总结的特点及撰写要求 （2）单位年度治安保卫工作总结的基本框架
		1-1-3　能编制单位保卫勤务、群防群治工作、重要部位保卫工作、消防工作实施方案	（1）实施方案的特点、编制原则及主要内容 （2）单位保卫勤务、群防群治工作、重要部位保卫工作、消防工作实施方案的基本框架
		1-1-4　能制定单位治安保卫工作制度	（1）工作制度的特点及主要内容 （2）单位治安保卫工作制度的基本框架
		1-1-5　能编制单位突发事件应急预案	（1）突发事件应急预案的编制知识 （2）单位应急预案的内容 （3）单位应急预案编制步骤
	1-2　目标保卫	1-2-1　能确定单位治安保卫重要部位	（1）单位治安保卫重要部位的概念及特点 （2）单位治安保卫重要部位的确定原则 （3）单位治安保卫重要部位确定的要求

续表

职业功能模块	培训内容	技能目标	培训细目
1．组织防范	1-2　目标保卫	1-2-2　能对单位治安隐患进行识别、评估与整改，能提出单位治安防范建议	（1）安全检查表法、头脑风暴法、德尔菲法等单位治安隐患识别方法 （2）单位治安隐患识别的步骤 （3）单位治安隐患的治理思路、流程及措施
2．技术防范	2-1　系统工程建设管理	2-1-1　能编制安全防范系统设计任务书	（1）入侵和紧急报警系统的主要类型及特征、主要功能和技术应用基本要求 （2）视频安防监控系统的主要类型及特征、主要功能和技术应用基本要求 （3）出入口控制系统的主要类型及特征、主要功能和技术应用基本要求 （4）停车库（场）安全管理系统、防爆安全检查系统、电子巡查系统、智能安全防范系统等其他安全防范子系统的主要类型及特征、主要功能和技术应用基本要求
		2-1-2　能组织安全防范工程建设方案的评审和验收	（1）安全防范工程项目立项阶段的工作要求 （2）安全防范工程设计阶段的工作要求 （3）安全防范工程施工阶段的工作要求 （4）安全防范工程初步验收与试运行阶段的工作要求 （5）安全防范工程检验、验收及移交阶段的工作要求 （6）安全防范工程运行维护阶段的工作要求
	2-2　安全防范系统运维管理	2-2-1　能按照安全防范系统技术规程和参数要求，组织建立运行维护管理机制	（1）安全防范系统设备运行的管理要求、工作内容要求、作业指导要求、作业记录要求、作业检查要求 （2）安全防范系统建设（使用）单位的要求 （3）安全防范系统维护保养单位的要求 （4）安全防范系统维护保养的工作程序要求

续表

职业功能模块	培训内容	技能目标	培训细目
2．技术防范	2-2　安全防范系统运维管理	2-2-2　能组织安全防范系统运行使用状况的定期检测	（1）安全防范系统检测的项目及要点 （2）安全防范系统检测的依据 （3）安全防范系统检测的程序
		2-2-3　能识别安全防范系统常见故障	（1）入侵和紧急报警系统常见故障的表现形式和处置程序 （2）视频监控系统常见故障的表现形式和处置程序 （3）出入口控制系统常见故障的表现形式和处置程序 （4）智能技术防范系统常见故障的表现形式和处置程序
3．保卫管理	3-1　制度落实	3-1-1　能制定单位保卫工作责任制并编制实施方案	（1）单位保卫工作责任制的主要内容 （2）单位保卫工作责任制体系与机制的建立 （3）单位保卫工作责任制实施方案的编制要求和步骤
		3-1-2　能检查单位保卫工作制度执行情况并提出整改意见	（1）单位保卫工作制度执行的检查方法 （2）单位保卫工作制度执行的检查程序 （3）单位保卫工作制度执行的具体措施
	3-2　队伍建设	3-2-1　能对保卫人员进行思想道德教育	（1）保卫人员思想道德教育的目标、原则和方法 （2）保卫人员思想道德教育的组织开展
		3-2-2　能实施单位保卫人员培养计划	（1）单位保卫人员培养的目标 （2）单位保卫人员培养计划的制订
		3-2-3　能对单位保卫人员实施考评	（1）单位保卫人员考评的目标 （2）单位保卫人员考评的方式 （3）单位保卫人员考评的指标和内容 （4）单位保卫人员考评实施的原则和流程
4．应急管理	4-1　应急准备	4-1-1　能开展应急演练	（1）应急演练的特点及类型 （2）应急演练的方案设计、现场组织、结果评价

续表

职业功能模块	培训内容	技能目标	培训细目
4．应急管理	4-1　应急准备	4-1-2　能调查单位的应急资源	（1）应急资源的主要类型 （2）应急资源调查的含义及原则 （3）单位应急人力资源、应急设施、装备、器材、物资、应急环境、周边社会应急资源、应急经费保障等的调查 （4）应急资源调查的准备 （5）应急资源调查的实施
		4-1-3　能对应急设施、装备、器材、物资进行配置与更新	（1）单位应急资源配置应考虑的因素 （2）单位应急资源的选用原则 （3）单位应急资源管理和使用的相关要求
		4-1-4　能检查单位反恐怖工作防范措施	（1）单位反恐怖工作防范形式 （2）单位反恐怖工作防范等级划分 （3）单位反恐怖工作防范措施的管理 （4）单位反恐怖工作防范措施的检查
		4-1-5　能开展单位应急力量的日常训练	（1）单位应急力量的应急能力构成 （2）单位应急力量日常训练的形式
	4-2　应急处置	4-2-1　能启动单位应急预案	（1）突发事件现场处置的基本原则 （2）单位应急预案的启动程序
		4-2-2　能现场调配应急资源	（1）应急资源调配的基本原则 （2）应急资源调配的要求
		4-2-3　能对现场信息进行汇集、储存、分析与传递	（1）突发事件现场信息管理的主要内容 （2）突发事件现场应急沟通的原则和方法
		4-2-4　能识别现场潜在危险	（1）应急现场潜在危险的分类 （2）应急现场潜在危险识别的内容
5．培训与指导	5-1　培训实施	5-1-1　能制订单位保卫人员年度培训工作计划	（1）单位保卫人员业务培训的形式、内容、方式及方法 （2）单位保卫人员年度培训工作计划制订的要求 （3）单位保卫人员年度培训工作计划的分类、结构及编制需考虑的因素 （4）单位保卫人员年度培训工作计划制订的步骤

续表

职业功能模块	培训内容	技能目标	培训细目
5．培训与指导	5-1　培训实施	5-1-2　能编制和实施单位保卫人员培训方案	（1）培训方案的特点 （2）单位保卫人员培训方案的编制要求、原则及方法
	5-2　业务指导	5-2-1　能对单位保卫人员进行业务指导	（1）单位保卫人员业务指导的内容 （2）单位保卫人员业务指导的形式 （3）单位保卫人员业务指导的方法
		5-2-2　能对单位保卫人员业务水平进行考核	（1）单位保卫人员综合素质考核的要求 （2）单位保卫人员培训的建档工作

2.1.4　一级／高级技师职业技能培训要求

职业功能模块	培训内容	技能目标	培训细目
1．组织防范	1-1　规划	1-1-1　能编制单位保卫工作规划	（1）单位保卫工作规划编制的基本方法 （2）单位保卫工作规划的具体框架
		1-1-2　能编制单位反恐应急预案	（1）单位反恐应急预案编制基本程序 （2）单位反恐应急预案的编制要点
	1-2　评价	1-2-1　能对单位保卫工作的实施过程进行监督指导	（1）单位保卫工作实施过程监督指导的原则及要求 （2）单位保卫工作实施过程监督指导的重点环节
		1-2-2　能对单位保卫工作效果进行评价	（1）单位保卫工作制度执行情况评价的参照标准 （2）单位保卫工作制度执行情况评价的方式 （3）单位保卫工作制度执行情况评价过程 （4）单位保卫工作评价体系的内容与实施
		1-2-3　能对单位涉恐风险进行评估	（1）单位面临的涉恐风险分析 （2）单位涉恐风险评估的内容
2．技术防范	2-1　系统应用管理	2-1-1　能确定安全防范系统的基本框架和组成，准确选择适用的技术防范系统建设标准	（1）我国技术防范系统标准体系基本框架和组成 （2）技术防范标准的选用

续表

职业功能模块	培训内容	技能目标	培训细目
2．技术防范	2-1　系统应用管理	2-1-2　能根据管理规定和防范需求，依照安全防范标准，组织建立和实施对技术防范系统设计、施工、监理、检验、验收、运行和维护全过程的监管	（1）风险防范规划 （2）系统架构规划 （3）技术防范系统设计基本要求 （4）技术防范系统工程监理基本要求 （5）技术防范系统建设咨询服务要求
	2-2　系统效能管理	2-2-1　能组织技术防范系统运行使用的效能评估	（1）技术防范系统运行使用效能评估的程序 （2）技术防范系统运行使用效能评估的类型 （3）技术防范系统运行使用效能评估的基本理念
		2-2-2　能根据评估结果，提出技术防范系统功能恢复、效能提升的整改建议，能组织评价技术防范系统的功能恢复、效能提升的整改结果	（1）技术防范系统效能评估结果的运用 （2）技术防范系统效能评估后的整改建议 （3）技术防范系统功能恢复、效能提升整改结果的组织评价程序 （4）技术防范系统功能恢复、效能提升整改结果的组织评价要求
3．保卫管理	3-1　目标管理	3-1-1　能提出单位保卫工作管理目标	（1）单位保卫工作目标管理的内容 （2）单位保卫工作目标管理的实施
		3-1-2　能对单位安全防范工作进行评估与决策分析、对单位治安防范责任制的落实情况进行评价	（1）单位安全防范工作评估指标体系构成 （2）单位治安防范责任制落实情况评价的要求 （3）单位安全防范工作决策的要求
	3-2　安全风险管理	3-2-1　能对治安防范目标实施安全风险评估，能控制单位安全风险	（1）安全风险评估的内容 （2）安全风险评估的主要方法 （3）安全风险评估的过程 （4）安全风险应对的含义 （5）安全风险应对的方式
		3-2-2　能编制安全风险评估报告	（1）安全风险评估报告编制要求 （2）安全风险评估报告主要内容
	3-3　队伍建设	能根据治安保卫重点单位特点配置专职治安保卫人员	（1）治安保卫重点单位特征和范围 （2）治安保卫重点单位专职治安保卫机构和专职治安保卫人员配置的特殊要求

续表

职业功能模块	培训内容	技能目标	培训细目
4．应急管理	4-1　应急准备	4-1-1　能制订“组建联合应急处置机构”的方案	（1）中小企业组建联合应急救援队伍的相关要求 （2）“组建联合应急处置机构”方案的编制要求
		4-1-2　能对应急预案进行管理	（1）单位应急预案管理的内容 （2）单位应急预案的动态管理
		4-1-3　能对单位应急制度与机制建设进行评价	（1）单位应急制度的制定目标、原则及主要内容 （2）单位应急机制的内容
		4-1-4　能对单位应急能力进行评估	（1）单位应急能力评估的内容 （2）单位应急能力评估的方法
	4-2　应急处置	4-2-1　能实施应急过程中的沟通与协调	（1）单位内部与外部协调机制 （2）突发事件信息发布与沟通的要求 （3）突发事件信息发布与沟通的方法
		4-2-2　能对单位突发事件进行舆情应对	（1）突发事件现场新闻采访管理的基本方法 （2）网络舆情分析的方法 （3）单位突发事件舆情应对方法
		4-2-3　能对现场情况进行评估	（1）突发事件性质评估 （2）人员伤亡情况评估 （3）损失评估 （4）现场环境评估
	4-3　总结与恢复	4-3-1　能撰写应急处置报告	（1）应急处置报告的主要内容 （2）应急处置报告的撰写要求
		4-3-2　能总结应急过程经验教训	（1）应急效果评价指标 （2）应急效果评价方法
		4-3-3　能提出恢复单位治安秩序的方案	（1）单位正常秩序的恢复 （2）相关区域的生活秩序恢复 （3）单位职工心理恢复
5．培训与指导	5-1　培训实施	5-1-1　能对单位保卫人员培训需求进行分析	（1）单位保卫人员培训需求分析的要求 （2）单位保卫人员培训需求分析的步骤 （3）单位保卫人员培训需求分析的方法
		5-1-2　能编制单位保卫人员培训规划	（1）单位保卫人员培训规划的内容 （2）单位保卫人员培训规划的编制步骤

续表

职业功能模块	培训内容	技能目标	培训细目
5．培训与指导	5-1　培训实施	5-1-3　能编写单位保卫业务培训讲义、教案	（1）单位保卫业务培训讲义和教案的编写要求 （2）单位保卫业务培训讲义和教案的编写方法
	5-2　业务指导	5-2-1　能对单位保卫人员培训进行督导	（1）单位保卫人员培训督导的实施办法 （2）单位保卫人员培训考核的指导要求 （3）单位保卫人员培训考核的方法
		5-2-2　能对单位保卫人员培训效果进行评价	（1）单位保卫人员培训效果评价的原则 （2）单位保卫人员培训效果评价的方法

2.2 课程规范

2.2.1　职业基本素质培训课程规范

模块	课程	学习单元	课程内容	培训建议	课堂学时
1．职业认知与职业道德	1-1　职业认知	职业认知	1）职业、职业属性与职业分类	（1）方法：讲授法 （2）重点与难点：保卫管理员职业认知	1
			2）保卫管理员职业认知		
	1-2　职业道德基本知识	职业道德基本知识	1）道德与职业道德的概念 ①道德的概念 ②职业道德的概念	（1）方法：讲授法 （2）重点与难点：保卫管理员职业道德规范	1
			2）职业道德的社会作用及表现形式 ①职业道德的社会作用 ②职业道德的表现形式		
			3）保卫管理员职业道德规范		

续表

模块	课程	学习单元	课程内容	培训建议	课堂学时
1．职业认知与职业道德	1–3　职业守则	职业守则	1）遵纪守法，正直守信 2）爱岗敬业，恪尽职守 3）业务熟悉，技能熟练 4）依法履职，勇于奉献	（1）方法：讲授法、案例教学法、讨论法 （2）重点与难点：保卫管理员职业守则	1
2．基础知识	2–1　基础理论知识	（1）保卫工作的含义与发展历程	1）保卫工作概述 ①内保工作 ②经济文化保卫工作 ③保卫机构 ④保卫人员 2）保卫工作的形成和发展历程 ①中华人民共和国成立前的保卫工作 ②中华人民共和国成立后的保卫工作	（1）方法：讲授法、讨论法 （2）重点与难点：中华人民共和国成立后的保卫工作	2
		（2）保卫工作的性质、特点和作用	1）保卫工作的性质 ①公安保卫工作的性质 ②单位保卫工作的性质 2）保卫工作的特点 ①工作主体多元性 ②工作内容综合性 ③工作阵地限定性 ④与单位业务活动联系紧密性 3）保卫工作的作用 ①宏观层面 ②具体方面	（1）方法：讲授法、讨论法、案例教学法 （2）重点与难点：单位保卫工作的性质、保卫工作的特点	2
		（3）保卫工作的方针、原则和任务	1）保卫工作的方针 ①预防为主 ②单位负责 ③突出重点 ④保障安全 2）保卫工作的原则 ①保障单位中心工作 ②单位负责与公安机关指导监督相结合 ③管理与服务相结合	（1）方法：讲授法、讨论法、案例教学法	1

续表

模块	课程	学习单元	课程内容	培训建议	课堂学时
2．基础知识	2-1　基础理论知识	（3）保卫工作的方针、原则和任务	3）保卫工作的任务 ①维护单位内部和谐稳定 ②预防各种违法犯罪行为的发生、发展 ③确保治安保卫重点单位及重要部位的安全 ④预防突发事件的发生	（2）重点与难点：单位保卫工作的方针	
		（4）保卫工作的监督管理体制和机构设置	1）保卫工作的监督管理体制 ①政府统一领导 ②公安机关指导监督 ③行业、系统的主管部门对本行业、本系统的保卫工作监督管理	（1）方法：讲授法、讨论法、案例教学法 （2）重点与难点：单位保卫组织机构的设立和职责、保卫工作的辅助力量	1
			2）单位保卫组织机构的设立和职责 ①单位保卫组织机构的设立 ②单位内部治安保卫机构、保卫人员应当履行的职责		
			3）单位保卫人员的管理 ①保卫人员的培训 ②保卫人员的考核 ③保卫人员的奖惩 ④保卫人员的从业保障		
			4）保卫工作的辅助力量 ①群防群治组织 ②保安服务公司 ③专职消防队		
		（5）保卫工作与社会治安综合治理	1）社会治安综合治理概述 ①社会治安综合治理的概念 ②社会治安综合治理的发展历程 ③社会治安综合治理的主体 ④社会治安综合治理的内容 ⑤社会治安综合治理的工作范围	（1）方法：讲授法、讨论法、案例教学法	2

续表

模块	课程	学习单元	课程内容	培训建议	课堂学时
2．基础知识	2–1　基础理论知识	(5)保卫工作与社会治安综合治理	2）单位保卫与社会治安综合治理的关系 ①单位要服从所在地党委、政府的社会治安综合治理工作的统一领导 ②单位是社会治安综合治理各项措施落实的重要载体 ③单位要承担协助地方党委、政府和有关部门维护社会治安的责任	(2)重点与难点：单位保卫与社会治安综合治理的关系	
		(6)单位保卫工作与社会治安防控体系建设	1）社会治安防控体系的含义 2）社会治安防控体系的主要内容 ①加强社会面治安防控网建设 ②加强重点行业治安防控网建设 ③加强乡镇（街道）和村（社区）治安防控网建设 ④加强机关、企事业单位内部安全防控网建设 ⑤加强信息网络防控网建设 3）单位在社会治安防控体系中的职责 ①落实治安保卫责任 ②加强单位内部技防、物防设施建设 ③加强重要基础设施保护 ④强化重点物品管控 ⑤加强单位周边治安防范 ⑥强化对单位内部矛盾纠纷的排查调处	(1)方法：讲授法、讨论法、案例教学法 (2)重点与难点：社会治安防控体系的主要内容、单位在社会治安防控体系中的职责	2
	2–2　专业基础知识	(1)安全防范知识	1）安全防范概述 ①安全防范的概念 ②安全防范的基本手段 ③安全防范技术 ④安全防范常用术语	(1)方法：讲授法、讨论法、案例教学法	2

续表

模块	课程	学习单元	课程内容	培训建议	课堂学时
2. 基础知识	2-2 专业基础知识	(1) 安全防范知识	2) 安全防范系统 ①安全防范系统的要素、功能 ②安全防范系统的架构 ③安全防范系统目标的实现 ④安全防范系统运行管理与保卫工作	(2) 重点与难点：安全防范系统运行管理与保卫工作	
			3) 安全防范标准 ①安全防范标准的概念 ②安全防范标准机构 ③安全防范标准分类 ④安全防范标准应用 ⑤安全防范标准用词		
		(2) 事故预防和调查知识	1) 事故概述 ①事故的定义 ②事故的分类 ③治安灾害事故	(1) 方法：讲授法、讨论法、案例教学法 (2) 重点与难点：事故预防、事故调查	3
			2) 事故预防 ①事故预防应遵循的原则 ②事故预防工作的 5 个阶段 ③事故预防过程的决策 ④人的不安全行为的预防措施		
			3) 事故调查 ①事故调查的目的 ②事故调查的组织领导 ③事故调查的主要内容 ④事故调查程序		
		(3) 单位内部犯罪预防知识	1) 单位内部犯罪预防概述 ①单位内部犯罪预防的概念 ②单位内部犯罪预防的主要理论	(1) 方法：讲授法、讨论法、案例教学法 (2) 重点与难点：单位内部犯罪预防的主要理论和基本措施	4
			2) 单位内部犯罪预防的基本措施 ①环境预防 ②科技预防 ③制度预防 ④教育预防		

续表

模块	课程	学习单元	课程内容	培训建议	课堂学时
2．基础知识	2-2　专业基础知识	（4）治安保卫重点单位及重要部位	1）治安保卫重点单位、重要部位概述 ①治安保卫重点单位、重要部位的概念 ②与重点单位、重要部位近似的概念 ③治安保卫重点单位及重要部位的特点	（1）方法：讲授法、讨论法、案例教学法 （2）重点与难点：治安保卫重点单位、重要部位保卫工作的基本措施	2
			2）治安保卫重点单位、重要部位保卫工作的基本措施 ①安全管理与业务管理相结合 ②建立健全保卫责任制 ③开展保卫检查 ④加强对不安全因素的整改 ⑤加强对重要岗位人员的管理 ⑥加强守护		
		（5）单位信息安全与保密知识	1）单位信息安全与保密工作概述 ①单位信息安全概述 ②国家秘密概述 ③商业秘密概述	（1）方法：讲授法、讨论法、案例教学法 （2）重点与难点：单位信息安全与保密管理工作要点	2
			2）危害单位信息安全与秘密的主要因素 ①工作人员泄密 ②窃密 ③计算机、网络通信等信息技术源头存在结构性缺陷 ④网络系统被恶意攻击		
			3）单位信息安全与保密管理工作要点 ①突出重点对象 ②突出重点部位 ③突出重点环节		
		（6）消防安全知识	1）消防工作概述 ①消防工作的方针 ②消防工作的原则 ③单位消防安全职责	（1）方法：讲授法、讨论法、案例教学法、实训（练习）法	4

续表

模块	课程	学习单元	课程内容	培训建议	课堂学时
2．基础知识	2–2　专业基础知识	（6）消防安全知识	2）火灾防控基本原理 ①燃烧的本质和条件 ②燃烧产物及其危害 ③火灾防控的主要方法	（2）重点与难点：消防安全管理措施、火灾初期处置方法	
			3）建筑消防安全基础知识 ①火灾基础知识 ②建筑防火基础知识 ③建筑消防设施基础知识		
			4）消防安全管理措施 ①消防安全检查 ②消防设施维护管理 ③火灾隐患整改 ④消防安全宣传教育与培训 ⑤灭火、应急疏散预案和演练		
			5）火灾初期处置方法 ①火灾报警的方法 ②初期火灾的扑救方法 ③安全疏散的方法		
		（7）突发事件应急管理知识	1）突发事件应急管理概述 ①突发事件基础知识 ②应急管理基础知识	（1）方法：讲授法、讨论法、案例教学法 （2）重点与难点：突发事件应急管理过程、不同类型突发事件的应急处置措施	2
			2）突发事件应急管理过程 ①应急预防 ②应急准备 ③应急响应 ④应急恢复		
			3）不同类型突发事件的应急处置措施 ①自然灾害、事故灾难和公共卫生事件处置措施 ②社会安全事件处置措施		
		（8）反恐怖工作相关知识	1）反恐怖相关概念 ①恐怖主义 ②恐怖活动 ③恐怖活动组织 ④恐怖活动人员 ⑤恐怖袭击手段 ⑥恐怖事件 ⑦极端主义 ⑧“三股势力”	（1）方法：讲授法、讨论法、案例教学法、实训（练习）法	2

续表

模块	课程	学习单元	课程内容	培训建议	课堂学时
2．基础知识	2-2 专业基础知识	（8）反恐怖工作相关知识	2）我国恐怖活动的特征 ①组织性 ②目的性 ③暴力性 ④侵害目标的双重性 ⑤犯罪时间的选择性	（2）重点与难点：反恐怖防范基础知识、单位反恐职责与义务	
			3）反恐怖防范基础知识 ①识别恐怖活动可疑人 ②识别可疑车辆 ③发现恐怖活动可疑人、可疑情况和线索的处置措施 ④发现可疑爆炸物的处置措施 ⑤被恐怖分子劫持的处置措施 ⑥紧急撤离危险现场		
			4）单位反恐职责与义务 ①开展反恐怖教育 ②对重点目标进行安全防范 ③开展应对处置工作		
		（9）道路交通安全知识	1）道路交通安全概述 ①道路交通安全相关概念 ②道路交通事故的形式 ③道路交通事故的分类	（1）方法：讲授法、讨论法、案例教学法	1
			2）单位道路交通安全基本要求 ①人员安全化 ②车辆安全化 ③道路安全化 ④管理安全化		
			3）单位道路交通事故现场处置 ①做好现场保护并立即报警 ②组织抢救受伤人员 ③对造成道路、供水、供电、供气、供热、通信等设施损毁的交通事故应及时向有关部门报告		

续表

模块	课程	学习单元	课程内容	培训建议	课堂学时
2．基础知识	2-2　专业基础知识	（9）道路交通安全知识	④配合确定交通事故当事人，控制肇事嫌疑人，查找证人 ⑤配合交通警察做好事故调查 ⑥配合做好道路交通事故现场清理	（2）重点与难点：单位道路交通事故现场处置	
	2-3　相关法律、法规知识	（1）民事法律知识	1）《中华人民共和国民法典》相关知识 ①《民法典》的立法目的 ②民法的基本原则 ③民事主体 ④民事行为能力 ⑤民事权利 ⑥民事责任	（1）方法：讲授法、案例教学法 （2）重点与难点：民事行为能力、民事权利、民事责任、民事诉讼审判程序	2
			2）《中华人民共和国民事诉讼法》相关知识 ①《民事诉讼法》的基本原则 ②主管 ③管辖 ④证据 ⑤法院调解 ⑥审判程序		
		（2）劳动与社会保障法律知识	1）《中华人民共和国劳动法》相关知识 ①劳动法的概念 ②劳动法律关系 ③劳动者的基本权利 ④劳动者的基本义务 ⑤工作时间与休息休假制度 ⑥工资法律制度 ⑦劳动争议	（1）方法：讲授法、案例教学法	2
			2）《中华人民共和国劳动合同法》相关知识 ①适用范围 ②协调劳动关系的三方机制 ③劳动合同的种类 ④劳动合同的订立 ⑤劳动合同的内容 ⑥劳动合同的解除		

续表

<table>
<tr><th>模块</th><th>课程</th><th>学习单元</th><th>课程内容</th><th>培训建议</th><th>课堂学时</th></tr>
<tr><td rowspan="4">2．基础知识</td><td rowspan="4">2-3　相关法律、法规知识</td><td rowspan="2">（2）劳动与社会保障法律知识</td><td>3）《中华人民共和国安全生产法》相关知识
①适用范围
②生产经营单位的基本义务
③从业人员的安全生产权利义务
④安全生产监督
⑤安全生产事故的应急救援</td><td rowspan="2">（2）重点与难点：劳动者的基本权利义务，劳动合同的订立、内容及解除，生产经营单位的安全生产义务、安全生产事故的应急救援，突发事件的预防与应急准备、应急处置与救援、事后恢复与重建</td><td rowspan="2"></td></tr>
<tr><td>4）《中华人民共和国突发事件应对法》相关知识
①适用范围
②突发事件管理体制
③突发事件的预防与应急准备
④突发事件应急处置与救援
⑤事后恢复与重建
⑥公民在突发事件中的义务与责任
⑦法律责任</td></tr>
<tr><td rowspan="2">（3）刑事法律知识</td><td>1）《中华人民共和国刑法》相关知识
①刑法的概念
②刑法的基本原则
③犯罪的概念与特征
④犯罪构成
⑤违法阻却事由
⑥故意犯罪的形态
⑦刑罚的体系
⑧自首
⑨常见具体犯罪</td><td rowspan="2">（1）方法：讲授法、案例教学法
（2）重点与难点：犯罪构成、违法阻却事由、常见具体犯罪，刑事诉讼中的强制措施、刑事诉讼的程序</td><td rowspan="2">2</td></tr>
<tr><td>2）《中华人民共和国刑事诉讼法》相关知识
①刑事诉讼职能
②刑事诉讼中的专门机关与诉讼参与人种类
③刑事诉讼中的管辖
④证据
⑤刑事诉讼中的强制措施
⑥刑事诉讼的程序</td></tr>
</table>

续表

模块	课程	学习单元	课程内容	培训建议	课堂学时
2．基础知识	2–3　相关法律、法规知识	（4）治安管理法律知识	1）《中华人民共和国治安管理处罚法》相关知识 ①概述 ②治安管理处罚的种类 ③治安管理处罚法的适用 ④治安管理处罚的程序 ⑤执法监督 2）《中华人民共和国集会游行示威法》相关知识 ①概述 ②集会、游行、示威的原则 ③集会、游行、示威的主管机关 ④集会、游行、示威的申请和许可 ⑤集会、游行、示威的举行 ⑥集会、游行、示威的违法后果 ⑦法律责任 3）《中华人民共和国道路交通安全法》相关知识 ①适用范围 ②工作原则 ③管理主体 ④登记制度 ⑤驾驶人	（1）方法：讲授法、案例教学法 （2）重点与难点：治安管理处罚的种类、程序	2
		（5）国家安全法律知识	1）《中华人民共和国国家安全法》相关知识 ①维护国家安全的原则 ②国家安全制度 ③公民和组织应当履行维护国家安全的义务 2）《中华人民共和国反间谍法》相关知识 ①间谍行为的概念 ②《反间谍法》的立法目的 ③反间谍工作基本原则 ④公民和组织反间谍的义务和权利	（1）方法：讲授法、案例教学法	2

续表

模块	课程	学习单元	课程内容	培训建议	课堂学时
2．基础知识	2-3　相关法律、法规知识	（5）国家安全法律知识	3）《中华人民共和国人民防空法》相关知识 ①概述 ②防护重点 ③人民防空工程 ④通信和警报 ⑤疏散 ⑥群众防空组织 ⑦法律责任	（2）重点与难点：公民和组织应当履行维护国家安全的义务，公民和组织反间谍的义务和权利，群众防空组织、疏散，反恐怖主义重点目标	
			4）《中华人民共和国反恐怖主义法》相关知识 ①概述 ②反恐怖主义工作原则 ③领导机构 ④重点目标 ⑤法律责任		
		（6）行政法规知识	1）《保安服务管理条例》相关知识 ①保安服务 ②保安员 ③保安从业单位 ④保安培训单位 ⑤法律责任	（1）方法：讲授法、案例教学法	3
			2）《大型群众性活动安全管理条例》相关知识 ①大型群众性活动安全管理原则 ②举办大型群众性活动应具备的条件 ③大型群众性活动的安全责任 ④大型群众性活动的安全管理 ⑤法律责任		
			3）《企业事业单位内部治安保卫条例》相关知识 ①适用范围 ②实施主体与指导监督主体 ③单位内部治安保卫工作的要求 ④单位内部治安保卫机构及治安保卫人员的职责 ⑤法律责任		

续表

模块	课程	学习单元	课程内容	培训建议	课堂学时
2．基础知识	2-3　相关法律、法规知识	（6）行政法规知识	4）《民用爆炸物品安全管理条例》相关知识 ①民用爆炸物品的概念 ②民用爆炸物品安全管理的主体 ③限制从业规定 ④民用爆炸物品的相关制度 ⑤法律责任	（2）重点与难点：《保安服务管理条例》《企业事业单位内部治安保卫条例》	
			5）《危险化学品安全管理条例》相关知识 ①危险化学品的概念 ②危险化学品的管理主体 ③安全管理 ④法律责任		
		（7）《信访工作条例》相关知识	1）《信访工作条例》的主要内容 ①规定做好新时代信访工作的总体要求 ②规定信访工作体制和工作格局 ③规定信访事项处理程序 ④规定信访工作监督体系	（1）方法：讲授法、案例教学法 （2）重点与难点：《信访工作条例》的主要内容、信访事项的提出和受理	2
			2）《信访工作条例》的适用范围		
			3）信访工作的定位		
			4）信访工作应当遵循的原则 ①坚持党的全面领导 ②坚持以人民为中心 ③坚持落实信访工作责任 ④坚持依法按政策解决问题 ⑤坚持源头治理化解矛盾		
			5）信访事项的提出和受理 ①信访事项的提出 ②信访事项的受理		
			6）信访事项的办理与监督 ①信访事项的办理 ②信访事项的监督		
课堂学时合计					50

2.2.2 三级 / 高级职业技能培训课程规范

<table>
<tr><th>模块</th><th>课程</th><th>学习单元</th><th>课程内容</th><th>培训建议</th><th>课堂学时</th></tr>
<tr><td rowspan="7">1．组织防范</td><td rowspan="7">1-1 勤务实施</td><td rowspan="3">（1）出入口守卫勤务实施</td><td>1）出入口守卫概述
①出入口守卫的概念
②出入口守卫的特点
③出入口守卫的任务
④出入口守卫的组织开展</td><td rowspan="3">（1）方法：讲授法、讨论法、实训（练习）法、案例教学法
（2）重点与难点：证件查验和车辆、物品信息登记的基本方法，出入口守卫常见紧急情况处置</td><td rowspan="3">2</td></tr>
<tr><td>2）证件查验和车辆、物品信息登记的基本方法
①查验证件的方法
②车辆登记与管理的方法
③检查物品的方法</td></tr>
<tr><td>3）出入口守卫常见紧急情况处置
①对出入人员拒不交验证件情况的处置
②对出入人员携带可疑物品情况的处置
③寻衅滋事的处置
④私闯人员及车辆的处置
⑤群体性冲击门卫的处置</td></tr>
<tr><td rowspan="3">（2）目标部位守护勤务实施</td><td>1）目标部位守护概述
①目标部位守护的概念
②影响目标部位安全的因素
③目标部位守护的内容
④目标部位守护的组织开展</td><td rowspan="3">（1）方法：讲授法、讨论法、实训（练习）法、案例教学法
（2）重点与难点：可疑人员和可疑物品处置、目标部位守护中的现场保护</td><td rowspan="3">2</td></tr>
<tr><td>2）可疑人员和可疑物品处置
①可疑人员处置
②可疑物品处置</td></tr>
<tr><td>3）目标部位守护中的现场保护
①犯罪现场保护
②事故现场保护</td></tr>
<tr><td>（3）巡逻勤务实施</td><td>1）巡逻勤务概述
①巡逻勤务的概念
②巡逻勤务的特点
③巡逻勤务的任务</td><td>（1）方法：讲授法、讨论法、实训（练习）法、案例教学法</td><td>2</td></tr>
</table>

续表

模块	课程	学习单元	课程内容	培训建议	课堂学时
1．组织防范	1-1　勤务实施	（3）巡逻勤务实施	2）巡逻装备和器材的使用 ①巡逻装备和器材配备 ②常用巡逻装备和器材使用方法	（2）重点与难点：巡逻的实施	
			3）巡逻勤务操作 ①制订区域巡逻方案 ②熟悉区域巡逻方案 ③明确制度规定及措施 ④确立岗位和值勤形式 ⑤巡逻前的准备 ⑥巡逻的实施		
			4）报告和报警的程序及方法 ①报告的程序和方法 ②报警的程序和方法		
		（4）单位内部道路交通管理勤务	1）单位内部道路交通管理基本要求	（1）方法：讲授法、讨论法、实训（练习）法、案例教学法 （2）重点与难点：管辖区域交通秩序维护	1
			2）车辆指挥手势的规范及要求 ①车辆指挥手势的规范 ②车辆指挥手势的内容		
			3）管辖区域交通秩序维护 ①车辆进入 ②车辆驶出 ③交通事故处置		
	1-2　秩序维护	（1）单位治安防范	1）单位治安防范的任务及目标 ①单位治安防范任务 ②单位治安防范目标	（1）方法：讲授法、讨论法、案例教学法 （2）重点与难点：人力防范建设的基本内容	2
			2）单位治安防范基本原则 ①单位主责原则 ②专门组织与群众防范相结合原则 ③人防、物防和技防协调发展原则		
			3）人力防范建设的基本内容 ①人防力量配置 ②人防相关制度建设 ③人防力量管理		

续表

模块	课程	学习单元	课程内容	培训建议	课堂学时
1．组织防范	1-2 秩序维护	（2）单位治安保卫制度	1）单位治安保卫制度一般要求 ①构建单位治安保卫制度体系 ②实现单位治安保卫制度明确化和具体化 ③落实单位治安保卫制度实施保障 ④加强单位治安保卫制度宣传教育 ⑤大力抓好单位治安保卫制度落实	（1）方法：讲授法、讨论法、案例教学法 （2）重点与难点：重点单位治安保卫制度要求	1
			2）重点单位治安保卫制度要求 ①保卫机构设置、专职保卫人员配备相关制度 ②治安保卫重要部位确定及实施重点保护相关制度 ③单位内部治安突发事件处置预案相关制度		
		（3）单位治安信息收集	1）单位治安信息的概念与内容 ①单位治安信息的概念 ②单位治安信息的内容	（1）方法：讲授法、讨论法、案例教学法 （2）重点与难点：单位治安信息的内容和收集重点	2
			2）单位治安信息收集的含义及重点 ①单位治安信息收集的含义 ②单位治安信息收集的重点 ③单位治安信息收集的方式		
	1-3 安全检查	（1）安全检查概述	1）安全检查的概念与分类 ①安全检查的概念 ②安全检查的分类	（1）方法：讲授法、讨论法、案例教学法 （2）重点与难点：安全检查表法	1
			2）安全检查表法 ①安全检查表的特点 ②安全检查表的格式		
			3）安全检查的主要内容 ①查思想 ②查制度 ③查隐患 ④查措施		
			4）安全检查的程序		

续表

模块	课程	学习单元	课程内容	培训建议	课堂学时
1. 组织防范	1-3 安全检查	(2) 治安隐患排查	1) 治安隐患的概念 2) 单位常见治安隐患的种类及特征 ①人员方面的治安隐患 ②物防、技防设施设备方面的治安隐患 ③重要部位方面的治安隐患 ④制度方面的治安隐患 ⑤环境方面的治安隐患 3) 治安隐患排查的类型及一般方法 ①治安隐患排查的类型 ②治安隐患排查的一般方法	(1) 方法：讲授法、讨论法、案例教学法 (2) 重点与难点：单位常见治安隐患的种类及特征	2
		(3) 矛盾纠纷摸排	1) 影响单位秩序与社会秩序稳定的矛盾纠纷的种类 ①普通民间纠纷 ②管理型矛盾纠纷 ③制度型矛盾纠纷 2) 单位矛盾纠纷摸排的主要对象 ①单位矛盾纠纷摸排重点关注的“人” ②单位矛盾纠纷摸排重点关注的“事” 3) 单位矛盾纠纷摸排的方法 ①自查 ②专查 ③联查	(1) 方法：讲授法、讨论法、案例教学法 (2) 重点与难点：影响单位秩序与社会秩序稳定的矛盾纠纷的种类、单位矛盾纠纷摸排的主要对象	2
		(4) 保卫勤务执行情况检查	1) 保卫勤务执行情况检查的概念 2) 保卫勤务执行情况检查的方法与要点 ①保卫勤务执行情况检查方法 ②保卫勤务执行情况检查要点	(1) 方法：讲授法、讨论法、案例教学法 (2) 重点与难点：保卫勤务执行情况检查要点	1

续表

模块	课程	学习单元	课程内容	培训建议	课堂学时
1．组织防范	1-4　防卫术应用	（1）防卫术基本知识	1）法律依据	（1）方法：讲授法、演示法、实训（练习）法 （2）重点与难点：保卫勤务防卫	4
			2）人体要害 ①要害部位 ②要害部位遭受击打的后果		
			3）保卫勤务防卫 ①防卫要点 ②遭受突袭的常见方式 ③突遭持枪犯罪嫌疑人袭击时的防卫战术 ④突遭持械犯罪嫌疑人袭击时的防卫战术 ⑤突遭徒手犯罪嫌疑人袭击时的防卫战术 ⑥盘诘时的防卫		
			4）生活器具的利用 ①利用随身物品防护 ②利用室外物品防护 ③利用室内物品防护		
		（2）防卫的防护技术	1）身体戒备	（1）方法：讲授法、演示法、实训（练习）法 （2）重点与难点：身体防护	4
			2）身体防护 ①身体防护基本要求 ②步法移动 ③身体躲闪 ④肢体拦截		
2．技术防范	2-1　系统辨识	（1）技术防范的基本概念和架构	1）技术防范的基本概述 ①技术防范的基本定义 ②技术防范的作用	（1）方法：讲授法、演示法、实训（练习）法 （2）重点与难点：技术防范系统的基本架构	2
			2）技术防范系统的基本架构 ①技术防范系统基本组成 ②技术防范系统架构		
		（2）入侵和紧急报警系统基本组成与功能	1）入侵和紧急报警系统基本组成	（1）方法：讲授法、演示法、实训（练习）法	2
			2）入侵和紧急报警系统的主要功能 ①入侵探测功能 ②紧急报警功能 ③感知指示功能		

续表

模块	课程	学习单元	课程内容	培训建议	课堂学时
2. 技术防范	2-1 系统辨识	(2) 入侵和紧急报警系统基本组成与功能	3) 入侵和紧急报警系统主要设备的识别 ①入侵和紧急报警系统的主要设备构成 ②入侵和紧急报警系统前端设备 ③入侵和紧急报警系统后端设备	(2) 重点与难点：入侵和紧急报警系统主要设备的识别	
		(3) 视频监控系统基本组成和主要功能	1) 视频监控系统的基本组成	(1) 方法：讲授法、演示法、实训（练习）法 (2) 重点与难点：视频监控系统主要设备的识别	2
			2) 视频监控系统的功能 ①视频监控系统基本功能 ②视频监控系统是技术防范系统的重要子系统		
			3) 视频监控系统主要设备的识别 ①视频监控系统的主要设备 ②视频监控系统前端设备 ③视频监控系统传输设备 ④视频监控系统后端设备		
		(4) 出入口控制系统	1) 出入口控制系统基本组成	(1) 方法：讲授法、演示法、实训（练习）法 (2) 重点与难点：出入口控制系统主要设备的识别	2
			2) 出入口控制系统的功能 ①权限管理功能 ②身份识别功能 ③其他认证管控功能		
			3) 出入口控制系统主要设备的识别 ①门禁式出入口控制应用模式的主要设备 ②访客（可视）对讲式出入口控制系统的主要设备		
		(5) 智能技术防范系统	1) 智能技术防范系统基本组成和功能	(1) 方法：讲授法、演示法、实训（练习）法	2
			2) 智能技术防范系统主要设备 ①人脸识别比对存储服务器 ②智能实时电子巡检设备		

续表

模块	课程	学习单元	课程内容	培训建议	课堂学时
2．技术防范	2-1 系统辨识	(5) 智能技术防范系统	③智能集成数据服务设备 ④智能技术防范系统管理服务软件 ⑤智能技术防范集成应用综合平台基本组成 ⑥智能技术防范集成应用综合平台的功能	(2) 重点与难点：智能技术防范系统主要设备	
		(6) 其他技术防范子系统基本组成和功能	1) 电子巡查系统基本组成和功能 ①电子巡查系统基本组成 ②电子巡查系统功能	(1) 方法：讲授法、演示法、实训（练习）法 (2) 重点与难点：其他技术防范子系统基本组成	2
			2) 防盗抢安全烟雾系统基本组成和功能 ①防盗抢安全烟雾系统基本组成 ②防盗抢安全烟雾系统功能		
			3) 声波驱离系统基本组成和功能 ①声波驱离系统组成 ②声波驱离系统功能		
	2-2 技术防范系统操作	(1) 入侵和紧急报警系统操作	1) 入侵和紧急报警系统基本操作程序 ①入侵和紧急报警系统“布防”操作程序 ②入侵和紧急报警系统“撤防”操作程序 ③入侵和紧急报警系统“旁路”操作程序 ④入侵和紧急报警系统“24小时设防”操作程序	(1) 方法：讲授法、演示法、实训（练习）法 (2) 重点与难点：入侵和紧急报警系统基本功能操作	1
			2) 入侵和紧急报警系统基本功能操作 ①了解设备技术说明资料 ②基本功能设置操作		
		(2) 视频监控系统操作	1) 视频监控系统基本操作程序 ①确定工作状态 ②基本操作程序	(1) 方法：讲授法、演示法、实训（练习）法	1

续表

模块	课程	学习单元	课程内容	培训建议	课堂学时
2．技术防范	2-2　技术防范系统操作	（2）视频监控系统操作	2）视频监控系统基本功能操作 ①了解设备技术说明资料 ②基本功能设置操作	（2）重点与难点：视频监控系统基本功能操作	
		（3）出入口控制系统操作	1）确定工作状态	（1）方法：讲授法、演示法、实训（练习）法 （2）重点与难点：出入口控制系统基本功能操作	1
			2）出入口控制系统基本功能操作 ①了解设备技术说明资料 ②基本功能操作		
		（4）电子巡查系统操作	1）确定工作状态	（1）方法：讲授法、演示法、实训（练习）法 （2）重点与难点：电子巡查系统基本功能操作	1
			2）基本功能操作		
3．保卫管理	3-1　人员管理	（1）单位实有人口管理	1）单位实有人口的范围 ①本单位职工 ②其他人员	（1）方法：讲授法、讨论法 （2）重点与难点：单位实有人口信息采集登记要求及采集程序	2
			2）单位实有人口信息采集登记要求 ①本单位职工 ②其他人员		
			3）单位实有人口信息采集登记程序		
		（2）单位保安员管理	1）保安服务公司派遣的保安员管理 ①确认保安服务公司派遣的保安员符合各项要求 ②明确保安员的工作职责和工作纪律 ③明确保安员上岗值勤时的相关要求 ④开展技能培训 ⑤开展评价考核	（1）方法：讲授法、讨论法、案例教学法	2

续表

模块	课程	学习单元	课程内容	培训建议	课堂学时
3．保卫管理	3–1　人员管理	（2）单位保安员管理	2）单位自行招用保安员管理 ①保安服务管理制度 ②岗位责任制度 ③保安员管理制度 ④保安服务勤务制度	（2）重点与难点：保安员的工作职责和工作纪律、保安员上岗值勤时的相关要求	
		（3）单位保卫人员及重要部位工作人员管理	1）单位保卫人员管理要求 ①单位治安保卫机构和保卫人员 ②单位保卫人员的职责 ③单位保卫人员安全管理要求	（1）方法：讲授法、讨论法 （2）重点与难点：单位保卫人员管理要求	1
			2）重要部位工作人员管理要求		
	3–2　宣传教育	（1）消防、交通安全宣传教育	1）消防安全宣传教育 ①消防安全宣传 ②消防安全教育培训	（1）方法：讲授法、讨论法、案例教学法 （2）重点与难点：消防安全宣传教育	1
			2）交通安全宣传教育 ①交通安全宣传教育的内容 ②交通安全宣传教育的形式		
		（2）反恐怖宣传教育	1）反恐怖宣传教育的内容 ①提高全员反恐怖意识的宣传教育 ②加强反恐怖预防、应急知识的宣传教育 ③提高公民反恐怖能力的宣传教育	（1）方法：讲授法、讨论法、案例教学法 （2）重点与难点：反恐怖宣传教育的内容	1
			2）单位反恐怖安全宣传教育的基本要求		
		（3）单位群防群治宣传教育	1）单位群防群治宣传教育的内容 ①安全形势和保卫工作任务方面的宣传教育 ②普及安全防范和保卫工作知识和方法	（1）方法：讲授法、讨论法、案例教学法 （2）重点与难点：单位群防群治宣传教育的内容	1
			2）单位群防群治宣传教育的基本要求		

续表

模块	课程	学习单元	课程内容	培训建议	课堂学时
3．保卫管理	3-2　宣传教育	（4）单位法治宣传教育	1）法治宣传教育的内容 ①习近平法治思想的宣传教育 ②宪法宣传教育 ③民法典宣传教育 ④与社会治理现代化密切相关的法律法规的宣传教育 ⑤保卫工作法律法规的宣传教育	（1）方法：讲授法、讨论法、案例教学法 （2）重点与难点：法治宣传教育的内容	1
			2）法治宣传教育的基本要求		
	3-3　档案管理	保卫工作业务档案管理和运用计算机管理保卫工作档案	1）保卫工作业务档案的基本类型 ①综合文书类档案 ②事故案件类档案 ③装备资产类档案 ④保卫人员类档案 ⑤防范设施类档案	（1）方法：讲授法、演示法	1
			2）保卫工作业务档案管理的基本目标		
			3）保卫工作业务档案管理制度建设 ①档案管理制度制定的基本原则 ②保卫工作业务档案管理制度的内容 ③保卫工作业务档案管理制度执行		
			4）保卫工作业务档案管理基本步骤 ①收集 ②整理 ③编制 ④保管 ⑤检索		

续表

模块	课程	学习单元	课程内容	培训建议	课堂学时
3．保卫管理	3-3　档案管理	保卫工作业务档案管理和运用计算机管理保卫工作档案	5）计算机技术与保卫工作业务档案管理 ①电子档案的概念 ②电子档案的特点	（2）重点与难点：保卫工作业务档案管理制度、运用计算机检索保卫工作业务档案	
			6）运用计算机检索保卫工作业务档案 ①检索 ②使用		
	3-4　文书制作	文书类型与制作方法	1）文书的一般类型与制作要求 ①文书的一般类型 ②文书的制作要求	（1）方法：讲授法、演示法 （2）重点与难点：通知、报告、请示、工作计划、总结、会议记录的制作要求	1
			2）通知、报告、请示类文书制作 ①通知的制作要求 ②报告的制作要求 ③请示的制作要求		
			3）工作计划、总结、会议记录类文书制作 ①工作计划的制作要求 ②总结的制作要求 ③会议记录的制作要求		
4．应急管理	4-1　先期处置	（1）单位突发事件报告	1）单位突发事件的概念与类型 ①单位突发事件的概念 ②单位突发事件分类与表现形式	（1）方法：讲授法、讨论法、案例教学法 （2）重点与难点：单位突发事件分类与表现形式、单位突发事件报告的基本程序	1
			2）单位突发事件现场状况与应急人力资源 ①突发事件现场状况 ②单位应急人力资源		
			3）单位突发事件报告的基本程序与方法 ①单位突发事件报告原则与内容 ②单位突发事件报告的基本程序 ③单位突发事件报告的方法		

续表

模块	课程	学习单元	课程内容	培训建议	课堂学时
4．应急管理	4-1 先期处置	（2）常用应急设施、装备、物资的类型与使用	1）单位应急设施的基本类型 2）应急装备与器材的基本类型 3）应急物资的基本类型 4）应急设施、装备、物资的使用、检查、维护保养与管理 ①日常维护检查 ②保管与管理	（1）方法：讲授法、讨论法、演示法、实训（练习）法 （2）重点与难点：常见应急设施、装备、物资的类型与使用	2
		（3）单位突发事件现场人员的自救与互救	1）人员互救方法 ①拨打急救电话 ②现场紧急处理措施 2）人员自救方法 ①地震等突发事件导致建筑物坍塌被困人员自救方法 ②洪水暴发被困人员自救方法 ③急性食物中毒人员自救方法 ④化学危险品烧伤人员自救方法 ⑤刀刃刺伤自救互救方法 ⑥子弹击中后的自救方法	（1）方法：讲授法、演示法、实训（练习）法、案例教学法 （2）重点与难点：人员自救方法	4
		（4）单位突发事件现场人员安全疏散	1）人员疏散过程中群集现象控制 ①群集现象概述 ②群集现象控制措施 2）人员疏散路线与避难场所选择 ①人员疏散分类 ②人员疏散路线 ③避难场所选择 ④紧急避难场所选择	（1）方法：讲授法、演示法、实训（练习）法、案例教学法 （2）重点与难点：人员疏散路线与避难场所选择	4
	4-2 现场秩序维护	（1）单位突发事件现场控制	1）单位突发事件现场控制概述 ①警戒线控制法 ②区域控制法 ③遮盖控制法 ④定位控制法	（1）方法：讲授法、讨论法、实训（练习）法、案例教学法	3

续表

模块	课程	学习单元	课程内容	培训建议	课堂学时
4．应急管理	4-2 现场秩序维护	（1）单位突发事件现场控制	2）警戒线的概念、作用与设置方法 ①警戒线概念 ②警戒线作用 ③警戒区域划定 ④警戒线设置规范	（2）重点与难点：警戒线设置方法、隔离危险区域的要求和方法	
			3）单位突发事件现场巡逻基本要求		
			4）隔离危险区域的要求和方法		
		（2）单位外部应急力量支援	1）单位外部可用的应急力量类型 ①单位所在地政府有关部门 ②应急联动互助单位 ③社会应急力量和应急志愿者	（1）方法：讲授法、讨论法、实训（练习）法、案例教学法 （2）重点与难点：寻求单位外部应急力量支援的途径和方法	2
			2）寻求单位外部应急力量支援的途径和方法 ①突发事件发生之前 ②突发事件发生之后		
5．培训与指导	5-1 培训实施	（1）保安员岗位业务培训	1）保安员国家职业技能标准的要求	（1）方法：讲授法、讨论法 （2）重点与难点：保安员业务培训的方式方法	4
			2）保安员业务培训实施 ①保安员业务培训的其他方式与类型 ②保安员业务培训的方式 ③保安员业务培训的方法		
		（2）保安员岗位业务考核	1）保安员岗位业务考核概述 ①保安员岗位业务考核的概念 ②保安员岗位业务考核的目的 ③保安员岗位业务考核的作用 ④保安员岗位业务考核的基本要求	（1）方法：讲授法、讨论法	2

续表

模块	课程	学习单元	课程内容	培训建议	课堂学时
5．培训与指导	5-1　培训实施	（2）保安员岗位业务考核	2）保安员岗位业务考核的内容和方法 ①保安员岗位业务考核的内容 ②保安员岗位业务考核的方法	（2）重点与难点：保安员岗位业务考核的内容和方法	
	5-2　业务指导	（1）保安员岗位业务指导	1）保安员岗位业务指导概述 ①保安员岗位业务指导的含义 ②保安员岗位业务指导的原则 ③保安员岗位业务指导的要求 ④保安员岗位业务指导的方式 ⑤保安员岗位业务指导的方法	（1）方法：讲授法、讨论法 （2）重点与难点：保安员岗位业务指导的要求和方式	4
			2）保安员岗位业务指导的重点		
		（2）单位外包服务人员管理与安全教育	1）单位外包服务人员管理 ①单位外包服务的概念与范围 ②单位外包服务人员管理的基本原则 ③单位外包服务的价值 ④单位外包服务人员管理的要求和方法	（1）方法：讲授法、讨论法 （2）重点与难点：单位对外包服务人员管理的要求和方法	1
			2）单位对外包服务人员的安全教育 ①外包服务人员安全教育的重要性 ②单位外包服务人员安全教育内容		
课堂学时合计					80

2.2.3　二级 / 技师职业技能培训课程规范

模块	课程	学习单元	课程内容	培训建议	课堂学时
1．组织防范	1-1　方案策划	（1）单位治安保卫工作计划编制	1）工作计划编制基础知识 ①工作计划的概念 ②工作计划的特点 ③工作计划的主要内容 2）单位年度治安保卫工作计划的主体内容	（1）方法：讲授法 （2）重点与难点：单位年度治安保卫工作计划的主体内容	2
		（2）单位治安保卫工作总结撰写	1）工作总结撰写基础知识 ①工作总结的概念 ②工作总结的特点 ③单位年度治安保卫工作总结撰写的要求 2）单位年度治安保卫工作总结的基本框架	（1）方法：讲授法 （2）重点与难点：单位治安保卫工作总结的基本框架	2
		（3）单位治安保卫工作实施方案编制	1）实施方案编制基础知识 ①实施方案的概念 ②实施方案的特点 ③实施方案的编制原则 ④实施方案的主要内容 2）单位治安保卫工作实施方案的基本框架	（1）方法：讲授法 （2）重点与难点：单位治安保卫工作实施方案的基本框架	2
		（4）单位治安保卫工作制度制定	1）工作制度制定基础知识 ①工作制度的概念 ②工作制度的特点 2）单位治安保卫工作制度的主要内容 ①保卫组织内部的工作制度 ②单位内部安全管理制度 3）单位治安保卫工作制度的基本框架	（1）方法：讲授法 （2）重点与难点：单位治安保卫工作制度的基本框架	2
		（5）单位突发事件应急预案编制	1）应急预案编制基础知识 ①应急预案的概念 ②应急预案的特点 ③应急预案的功能 2）应急预案的类型及体系 ①应急预案的类型 ②应急预案的体系	（1）方法：讲授法、讨论法、案例教学法、演示法	4

续表

模块	课程	学习单元	课程内容	培训建议	课堂学时
1．组织防范	1-1 方案策划	(5) 单位突发事件应急预案编制	3）单位应急预案的内容 ①单位总体应急预案的内容 ②单位应急处置专项预案的内容	(2) 重点与难点：单位应急预案编制步骤	
			4）单位应急预案编制步骤 ①组建应急预案编制队伍 ②开展风险评估与应急能力分析 ③预案编制 ④预案评审与发布 ⑤预案实施		
			5）单位应急预案编制应注意的事项		
	1-2 目标保卫	(1) 单位治安保卫重要部位确定	1）单位治安保卫重要部位基础知识 ①单位治安保卫重要部位的概念 ②单位治安保卫重要部位的特点 ③单位治安保卫重要部位的管理	(1) 方法：讲授法、讨论法 (2) 重点与难点：单位治安保卫重要部位的确定	2
			2）单位治安保卫重要部位的确定 ①单位治安保卫重要部位确定的原则 ②单位治安保卫重要部位确定的要求		
		(2) 单位治安隐患识别	1）单位治安隐患识别方法 ①安全检查表法 ②头脑风暴法 ③德尔菲法 ④隐患日志法	(1) 方法：讲授法、讨论法、案例教学法	4
			2）单位治安隐患识别步骤 ①计划和准备 ②识别治安隐患 ③确定治安隐患等级		

续表

模块	课程	学习单元	课程内容	培训建议	课堂学时
1．组织防范	1–2 目标保卫	（2）单位治安隐患识别	3）单位治安隐患治理 ①单位治安隐患治理基本思路 ②单位治安隐患治理流程 ③单位治安隐患治理机制建设 ④单位治安隐患治理具体措施	（2）重点与难点：单位治安隐患识别与治理	
2．技术防范	2–1 系统工程建设管理	（1）入侵和紧急报警系统	1）入侵和紧急报警系统基础知识 2）入侵和紧急报警系统的主要类型及特征 3）入侵和紧急报警系统的主要功能和技术应用基本要求 ①安全等级要求 ②探测／报警要求 ③防拆报警要求 ④被破坏／故障报警要求 ⑤功能／权限设置要求 ⑥胁迫报警要求 ⑦指示报警要求 ⑧被入侵／非法操作报警要求 ⑨防止误报警与漏报警要求 ⑩入侵和紧急报警系统的其他功能和技术应用基本要求	（1）方法：讲授法、演示法 （2）重点与难点：入侵和紧急报警系统的主要功能和技术应用基本要求	2
		（2）视频监控系统	1）视频监控系统基础知识 2）视频监控系统的主要类型及特征 3）视频监控系统的主要功能和技术应用基本要求 ①视（音）频采集要求 ②传输要求 ③切换调度要求 ④远程控制要求 ⑤视频显示和声音展示要求 ⑥存储／回放／检索要求 ⑦视频图像信息保存期限要求 ⑧视频监控系统的其他功能和技术应用基本要求	（1）方法：讲授法、演示法 （2）重点与难点：视频监控系统的主要功能和技术应用基本要求	1

续表

模块	课程	学习单元	课程内容	培训建议	课堂学时
2．技术防范	2-1 系统工程建设管理	(3) 出入口控制系统	1）出入口控制系统基础知识 2）出入口控制系统的主要类型及特征 3）出入口控制系统的主要功能和技术应用基本要求 ①安全等级要求 ②受控区划分要求 ③目标识别方式要求 ④出入控制方式要求 ⑤出入授权要求 ⑥出入口控制系统的其他功能和技术应用基本要求	(1) 方法：讲授法、演示法 (2) 重点与难点：出入口控制系统的主要功能和技术应用基本要求	1
		(4) 其他安全防范子系统	1）停车库（场）安全管理系统 ①停车库（场）安全管理系统基础知识 ②停车库（场）安全管理系统的主要类型及特征 ③停车库（场）安全管理系统的主要功能和技术应用基本要求 2）防爆安全检查系统 ①防爆安全检查系统基本概念 ②防爆安全检查系统的主要类型及特征 ③防爆安全检查系统的主要功能和技术应用基本要求 3）电子巡查系统 ①电子巡查系统基本概念 ②电子巡查系统的主要类型及应用 4）智能安全防范系统 ①智能安全防范系统基本概念 ②智能安全防范系统的主要类型 ③智能安全防范系统的主要功能和技术应用基本要求	(1) 方法：讲授法、演示法 (2) 重点与难点：停车库（场）安全管理系统、防爆安全检查系统、电子巡查系统、智能安全防范系统的主要功能和技术应用基本要求	1

续表

模块	课程	学习单元	课程内容	培训建议	课堂学时
2．技术防范	2-1 系统工程建设管理	(5) 安全防范工程建设基本程序	1）安全防范工程建设程序基础知识 ①安全防范工程建设程序 ②安全防范工程的深化设计 ③安全防范工程的检验 ④安全防范工程建设管理	(1) 方法：讲授法、演示法 (2) 重点与难点：安全防范工程项目设计、施工、初步验收与试运行阶段工作要求	2
			2）安全防范工程项目立项阶段的工作要求		
			3）安全防范工程设计阶段的工作要求		
			4）安全防范工程施工阶段的工作要求		
			5）安全防范工程初步验收与试运行阶段的工作要求		
			6）安全防范工程检验、验收及移交阶段的工作要求		
			7）安全防范工程运行与维护阶段的工作要求		
	2-2 安全防范系统运维管理	(1) 安全防范系统设备运行的基本要求	1）安全防范系统设备运行的管理要求	(1) 方法：讲授法、演示法 (2) 重点与难点：安全防范系统设备运行的作业指导要求	2
			2）安全防范系统设备运行的工作内容要求		
			3）安全防范系统设备运行的作业指导要求		
			4）安全防范系统设备运行的作业记录要求		
			5）安全防范系统设备运行的作业检查要求		
		(2) 安全防范系统设备维护保养的基本要求	1）安全防范系统建设（使用）单位的要求	(1) 方法：讲授法、演示法 (2) 重点与难点：安全防范系统维护保养的工作程序要求、工作内容与要求	1
			2）安全防范系统维护保养单位的要求		
			3）安全防范系统维护保养的工作程序要求		
			4）安全防范系统维护保养的工作内容与要求		
			5）安全防范系统维护保养的费用计取		

续表

模块	课程	学习单元	课程内容	培训建议	课堂学时
2．技术防范	2-2　安全防范系统运维管理	(3) 安全防范系统检测的基本要求	1) 安全防范系统检测基础知识 ①安全防范系统检测的项目 ②安全防范系统检测的要点	(1) 方法：讲授法、演示法 (2) 重点与难点：安全防范系统检测项目及要点	1
			2) 安全防范系统检测的依据		
			3) 安全防范系统检测的程序 ①检验申请和检验资料 ②检验方案和实施细则 ③现场检验 ④检验报告和检验结论 ⑤复检 ⑥运行检验		
		(4) 安全防范系统设备常见故障的表现形式和处置程序	1) 入侵和紧急报警系统常见故障的表现形式和处置程序	(1) 方法：讲授法、演示法 (2) 重点与难点：入侵和紧急报警系统、视频监控系统、出入口控制系统、智能技术防范系统常见故障的处置程序	2
			2) 视频监控系统常见故障的表现形式和处置程序		
			3) 出入口控制系统常见故障的表现形式和处置程序		
			4) 智能技术防范系统常见故障的表现形式和处置程序		
3．保卫管理	3-1　制度落实	(1) 单位保卫工作责任制	1) 单位保卫工作责任制基础知识 ①单位保卫工作责任制的定义 ②单位保卫工作责任制的内容 ③单位保卫工作责任制的作用	(1) 方法：讲授法、讨论法	3
			2) 单位保卫工作责任制实施方案编制 ①单位保卫工作责任制实施方案编制的要求 ②单位保卫工作责任制实施方案编制的步骤		

续表

模块	课程	学习单元	课程内容	培训建议	课堂学时
3．保卫管理	3-1 制度落实	（1）单位保卫工作责任制	3）单位保卫工作责任制体系与机制的建立 ①单位保卫管理责任人及其责任 ②单位保卫工作责任制的监督、检查、考核机制	（2）重点与难点：单位保卫工作责任制体系与机制的建立	
		（2）单位保卫工作制度执行	1）单位保卫工作制度执行的检查方法 ①经常性检查 ②定期检查 ③专项检查 ④突击检查	（1）方法：讲授法、讨论法 （2）重点与难点：单位保卫工作制度执行的具体措施	2
			2）单位保卫工作制度执行的检查程序		
			3）单位保卫工作制度执行的具体措施		
	3-2 队伍建设	（1）单位保卫人员思想道德教育	1）单位保卫人员思想道德教育基础知识 ①单位保卫人员思想道德教育目标 ②单位保卫人员思想道德教育原则 ③单位保卫人员思想道德教育方法	（1）方法：讲授法、讨论法 （2）重点与难点：单位保卫人员思想道德教育的开展	2
			2）单位保卫人员思想道德教育的开展		
		（2）单位保卫人员培养计划	1）单位保卫人员培养计划的要求 ①培养目标 ②知识要求	（1）方法：讲授法、讨论法 （2）重点与难点：单位保卫人员培养计划的制订	3
			2）单位保卫人员培养计划的制订 ①培养思路 ②培养计划制订 ③能力提升		

续表

模块	课程	学习单元	课程内容	培训建议	课堂学时
3．保卫管理	3–2 队伍建设	（3）单位保卫人员考评	1）单位保卫人员考评的目标和意义 ①单位保卫人员考评的目标 ②单位保卫人员考评的意义	（1）方法：讲授法、讨论法 （2）重点与难点：单位保卫人员考评的指标和内容、考评实施的流程	4
			2）单位保卫人员考评方式 ①直属上级评定 ②同级评定 ③直属下级评定 ④自我考评		
			3）单位保卫人员考评的指标和内容 ①考评指标的设计原则 ②考评指标的分类 ③考评的主要内容		
			4）单位保卫人员考评实施的原则和流程 ①考评实施的原则 ②考评实施的流程		
4．应急管理	4–1 应急准备	（1）应急演练开展	1）应急演练的概念及特点 ①应急演练的概念 ②应急演练的特点	（1）方法：讲授法、讨论法、案例教学法、实训（练习）法 （2）重点与难点：应急演练的组织实施	2
			2）应急演练的类型 ①按组织方式及侧重点划分 ②按应急演练内容划分 ③按演练目的和作用划分		
			3）应急演练的组织实施 ①应急演练的策划 ②应急演练的组织架构 ③应急演练方案编制 ④应急演练的现场准备 ⑤应急演练的参与人员 ⑥应急演练的结果评价		
		（2）应急资源调查	1）应急资源调查基础知识 ①应急资源的含义 ②应急资源调查的含义 ③应急资源调查的原则	（1）方法：讲授法、讨论法、案例教学法、实训（练习）法	1

续表

模块	课程	学习单元	课程内容	培训建议	课堂学时
4．应急管理	4-1　应急准备	（2）应急资源调查	2）单位应急资源调查的内容 ①单位应急人力资源调查 ②单位应急设施、装备、物资等的调查 ③单位应急环境调查 ④单位周边社会应急资源调查	（2）重点与难点：单位应急资源调查的内容、应急资源调查的实施	
			3）应急资源调查的准备 ①制订调查方案 ②安排部署调查 ③信息采集审核 ④编写调查报告 ⑤建立信息档案 ⑥调查数据更新		
			4）应急资源调查的实施 ①成立应急资源调查小组 ②收集单位应急管理相关资料 ③分析突发事件应急资源需求 ④资源评估及满足路径		
		（3）应急资源配置和管理	1）单位应急资源配置 ①单位应急资源配置应考虑的因素 ②单位应急资源的选用原则	（1）方法：讲授法、讨论法 （2）重点与难点：单位应急资源的管理	1
			2）单位应急资源的管理 ①单位应急资源管理和使用人员的相关要求 ②单位应急资源的管理要求		
		（4）单位反恐怖工作防范措施	1）反恐怖防范概述	（1）方法：讲授法、讨论法、案例教学法	2
			2）单位反恐怖防范等级划分 ①常态反恐怖防范 ②三级非常态反恐怖防范 ③二级非常态反恐怖防范 ④一级非常态反恐怖防范		

续表

模块	课程	学习单元	课程内容	培训建议	课堂学时
4．应急管理	4-1 应急准备	（4）单位反恐怖工作防范措施	3）单位反恐怖工作防范措施的管理 ①单位反恐怖工作应急管理 ②单位反恐怖突发事件应急响应 ③单位反恐怖工作方案管理	（2）重点与难点：单位反恐怖防范等级划分、单位反恐怖工作防范措施的管理	
			4）单位反恐怖工作防范措施的检查 ①单位反恐怖工作防范措施检查的准备 ②单位反恐怖工作防范措施检查的实施		
		（5）单位应急力量日常训练	1）单位应急力量的应急能力构成 ①预防预警能力 ②信息获取能力 ③快速反应能力 ④专业保障能力 ⑤组织管理能力 ⑥合作联动能力 ⑦心理救助能力	（1）方法：讲授法、讨论法、案例教学法 （2）重点与难点：单位应急力量的应急能力构成	2
			2）单位应急力量日常训练的形式 ①讨论型训练 ②实操型训练		
	4-2 应急处置	（1）单位应急预案启动	1）突发事件现场处置的基本原则 ①先救人，再救物 ②先避险，后抢险 ③先救灾，再恢复	（1）方法：讲授法、讨论法、案例教学法 （2）重点与难点：单位应急预案的启动程序	2
			2）单位应急预案的启动程序 ①接警与通报 ②指挥与控制 ③警报和紧急公告 ④应急通信 ⑤事态监测与评估 ⑥公共关系		

续表

模块	课程	学习单元	课程内容	培训建议	课堂学时
4．应急管理	4–2 应急处置	（2）应急资源调配的基本原则和要求	1）应急资源调配基本原则 ①统筹规划 ②分级负责 ③统一调配 ④资源共享 2）应急资源调配要求 ①快速反应 ②专人专管 ③实时跟踪 ④分类分级 ⑤按需调配 ⑥及时补充	（1）方法：讲授法、讨论法、案例教学法 （2）重点与难点：应急资源调配要求	1
		（3）现场信息管理、沟通的基本方法和措施	1）突发事件现场信息管理的主要内容 ①突发事件现场信息的报告 ②发布应急信息 ③舆情管理 2）应急沟通的原则与过程 ①应急沟通的原则 ②应急沟通过程	（1）方法：讲授法、讨论法、案例教学法 （2）重点与难点：突发事件现场信息管理的主要内容	4
		（4）现场潜在危险的识别方法	1）现场潜在危险识别基础知识 ①潜在危险的定义 ②潜在危险的分类 2）应急现场潜在危险识别的内容 ①应急现场潜在威胁的监测 ②现场情景与应急资源 ③人员伤亡情况评估 ④周围环境与条件评估	（1）方法：讲授法、讨论法、案例教学法 （2）重点与难点：应急现场潜在危险识别的内容	2
5．培训与指导	5–1 培训实施	（1）单位保卫人员业务培训管理	1）单位保卫人员业务培训的基础知识 ①保卫管理员职业技能培训 ②单位内部业务培训 2）单位保卫人员业务培训的内容 ①保卫工作基础知识 ②业务相关知识与技能培训	（1）方法：讲授法、讨论法	2

续表

模块	课程	学习单元	课程内容	培训建议	课堂学时
5．培训与指导	5-1 培训实施	（1）单位保卫人员业务培训管理	3）单位保卫人员业务培训的方式与方法 ①单位保卫人员业务培训的方式 ②单位保卫人员业务培训的方法	（2）重点与难点：单位保卫人员业务培训的内容	
		（2）单位保卫人员年度培训工作计划制订	1）单位保卫人员年度培训工作计划制订的要求 ①前瞻性要求 ②针对性要求 ③可行性要求	（1）方法：讲授法、讨论法 （2）重点与难点：单位保卫人员年度培训工作计划的结构与制订步骤	1
			2）单位保卫人员年度培训工作计划制订的方法 ①年度培训工作计划制订的原则 ②年度培训工作计划的分类 ③年度培训工作计划的结构 ④影响年度培训工作计划制订的因素 ⑤年度培训工作计划制订的步骤		
		（3）单位保卫人员培训实施方案编制	1）编制培训实施方案基础知识 ①培训实施方案概述 ②培训计划与培训实施方案的区别	（1）方法：讲授法、讨论法 （2）重点与难点：单位保卫人员培训实施方案编制要求与方法	1
			2）编制单位保卫人员培训实施方案 ①单位保卫人员培训实施方案编制要求 ②单位保卫人员培训实施方案编制原则 ③单位保卫人员培训实施方案编制方法		
	5-2 业务指导	（1）单位保卫人员业务指导	1）保卫业务指导基础知识 ①保卫业务指导的含义 ②保卫业务指导的原则	（1）方法：讲授法、讨论法	2

续表

模块	课程	学习单元	课程内容	培训建议	课堂学时
5．培训与指导	5–2　业务指导	（1）单位保卫人员业务指导	2）单位保卫人员业务指导的内容 ①指导单位保卫人员进行职业生涯规划 ②保卫职业培训体系助力保卫人员职业生涯发展 ③指导学习保卫管理工作标准 ④指导保卫业务	（2）重点与难点：单位保卫人员业务指导的内容	
			3）单位保卫人员业务指导的重点 ①指导防范的基本特征 ②指导防范的要求 ③指导防范的形式 ④指导防范的方法		
			4）单位保卫人员业务指导的方法 ①保卫人员业务指导的方式 ②保卫人员业务指导方式的实际应用		
		（2）单位保卫人员业务考核	1）单位保卫人员综合素质考核 ①综合素质概述 ②单位保卫人员综合素质考核的必要性 ③单位保卫人员综合素质考核要求	（1）方法：讲授法、讨论法 （2）重点与难点：单位保卫人员综合素质考核要求	2
			2）单位保卫人员培训的建档工作 ①培训建档工作概述 ②单位保卫人员培训档案建设 ③单位保卫人员培训档案的数字化管理		
课堂学时合计					70

2.2.4 一级 / 高级技师职业技能培训课程规范

模块	课程	学习单元	课程内容	培训建议	课堂学时
1．组织防范	1–1 规划	（1）单位保卫工作规划编制	1）工作规划的含义 2）单位保卫工作规划编制基本方法 ①问题导向法 ②目标导向法 3）单位保卫工作规划的具体框架	（1）方法：讲授法、演示法 （2）重点与难点：单位保卫工作规划的具体框架	1
		（2）单位反恐应急预案编制	1）单位反恐应急预案编制基本程序 ①第一阶段：前期准备 ②第二阶段：应急预案编写阶段 ③第三阶段：内外部评审、修订完善阶段 ④第四阶段：培训阶段 2）单位反恐应急预案编制要点 ①单位反恐应急预案的结构 ②单位反恐应急预案应满足的基本条件 ③单位反恐应急预案编制应遵循的基本原则	（1）方法：讲授法、讨论法、案例教学法 （2）重点与难点：单位反恐应急预案编制基本程序	2
	1–2 评价	（1）单位保卫工作实施过程监督指导	1）单位保卫工作实施过程监督指导的基本含义 2）单位保卫工作实施过程监督指导的原则及要求 ①单位保卫工作实施过程监督指导的原则 ②单位保卫工作实施过程监督指导的要求 3）单位保卫工作实施过程监督指导的重点环节 ①重要部位的安全防范工作落实情况 ②单位管理范围内的人员遵守单位内部治安保卫制度情况	（1）方法：讲授法、讨论法	1

续表

模块	课程	学习单元	课程内容	培训建议	课堂学时
1．组织防范	1–2　评价	(1) 单位保卫工作实施过程监督指导	③单位内部治安保卫机构、治安保卫人员依法履行职责情况	(2) 重点与难点：单位保卫工作实施过程监督指导的重点环节	
			4）对单位保卫工作实施过程的监督指导 ①政府对单位保卫工作实施过程监督指导的法律依据 ②公安机关对单位保卫工作的行政指导 ③公安机关对单位保卫工作的行政监督		
		(2) 单位保卫工作制度执行情况评价	1）单位保卫工作制度执行情况评价的含义	(1) 方法：讲授法、讨论法 (2) 重点与难点：单位保卫工作制度执行情况评价的参照标准、单位治安保卫工作制度执行情况评价过程	2
			2）单位保卫工作制度执行情况评价的作用		
			3）单位保卫工作制度执行情况评价的参照标准 ①价值取向维度 ②表现形式维度 ③制度内容维度 ④制度执行效果维度		
			4）单位治安保卫工作制度执行情况评价的方式 ①选择合适的评价组织形式 ②选择合理的评价策略 ③选择适用的工具性方法		
			5）单位治安保卫工作制度执行情况评价过程 ①准备阶段 ②实施阶段 ③信息处理阶段 ④反馈阶段		
		(3) 单位保卫工作评价	1）单位保卫工作评价概述 ①对单位保卫工作评价的理解 ②单位保卫工作评价的原则	(1) 方法：讲授法、讨论法	2

续表

模块	课程	学习单元	课程内容	培训建议	课堂学时
1．组织防范	1–2　评价	（3）单位保卫工作评价	2）单位保卫工作评价体系的内容 ①单位保卫工作要素评价的主要内容 ②单位保卫工作过程评价的主要内容 ③单位保卫工作效果评价的主要内容 ④单位保卫工作特色评价的主要内容	（2）重点与难点：单位保卫工作评价体系的内容、单位保卫工作评价的流程	
			3）单位保卫工作评价体系的操作与实施 ①单位保卫工作评价的方法 ②单位保卫工作评价的流程		
		（4）单位涉恐风险评估	1）当前恐怖活动的特点及态势分析 ①恐怖活动及其特点 ②单位面临的恐怖袭击态势分析	（1）方法：讲授法、讨论法、案例教学法 （2）重点与难点：单位涉恐风险评估的内容	4
			2）单位涉恐风险评估的内容 ①《反恐怖主义法》对涉恐风险评估的要求 ②反恐怖重点目标的安全防范要求		
2．技术防范	2–1　系统应用管理	（1）技术防范系统标准化的基本要求	1）技术防范行业标准化发展基本情况 ①我国技术防范行业标准化 ②我国技术防范系统标准体系基本框架和组成	（1）方法：讲授法 （2）重点与难点：技术防范标准的选用	3
			2）技术防范标准的选用		
		（2）技术防范工程建设规划、程序和相关要求	1）技术防范工程风险防范规划 ①明确保护对象及其安全需求 ②确定防范风险 ③统筹协调 ④根据需求强化防护措施	（1）方法：讲授法	1
			2）技术防范系统架构规划		

续表

模块	课程	学习单元	课程内容	培训建议	课堂学时
2．技术防范	2–1　系统应用管理	（2）技术防范工程建设规划、程序和相关要求	3）技术防范系统设计基本要求	（2）重点与难点：技术防范工程风险防范规划	
			4）技术防范工程监理基本要求		
			5）技术防范工程咨询服务要求		
	2–2　系统效能管理	（1）技术防范系统运行使用效能评估的概念和基本原则	1）技术防范系统运行使用效能评估概述 ①技术防范系统运行使用效能评估的概念 ②技术防范技术发展与技术防范系统运行使用效能管理 ③技术防范系统运行使用效能评估的目的	（1）方法：讲授法、演示法、案例教学法 （2）重点与难点：技术防范系统运行使用效能评估的基本理念	2
			2）技术防范系统运行使用效能评估的基本理念		
		（2）技术防范系统运行使用效能评估的程序和要求	1）技术防范风险评估及其程序 ①技术防范风险评估 ②技术防范系统的风险评估 ③技术防范系统风险评估的程序	（1）方法：讲授法、演示法、案例教学法 （2）重点与难点：技术防范系统效能评估具体工作内容与工作要求	2
			2）技术防范系统效能评估及其类型 ①技术防范系统效能评估 ②技术防范系统效能评估的类型 ③技术防范系统效能评估实践 ④技术防范系统效能评估工作程序 ⑤技术防范系统效能评估具体工作内容与工作要求 ⑥技术防范系统效能评估结果运用 ⑦技术防范风险效能管理成果		

续表

模块	课程	学习单元	课程内容	培训建议	课堂学时
3．保卫管理	3-1 目标管理	（1）单位保卫工作目标管理	1）单位保卫工作目标管理的含义 2）单位保卫工作目标管理的主要内容 ①单位保卫工作目标的制定 ②单位保卫工作目标的执行 ③单位保卫工作目标绩效评估 3）单位保卫工作目标管理的实施	（1）方法：讲授法、讨论法 （2）重点与难点：单位保卫工作目标的制定与执行	2
		（2）单位安全防范工作评估与决策	1）单位安全防范工作评估 ①单位安全防范工作评估指标体系构成 ②单位安全防范工作评估过程 2）单位安全防范工作决策 ①安全防范工作决策的要求 ②安全防范工作决策的方法	（1）方法：讲授法、讨论法、案例教学法 （2）重点与难点：单位安全防范工作评估	1
	3-2 安全风险管理	（1）安全风险评估基础知识	1）风险概述 ①风险的含义 ②风险与不确定性 ③风险、危机与危险 2）风险管理概述 ①风险管理的含义 ②风险管理的过程 3）保卫工作与安全风险管理	（1）方法：讲授法、讨论法、案例教学法 （2）重点与难点：风险管理的过程、保卫工作与安全风险管理	2
		（2）安全风险评估的内容与方法	1）安全风险评估的内容与作用 2）安全风险评估方法的分类 ①定性分析法 ②定量分析法 ③定性和定量相结合分析法	（1）方法：讲授法、讨论法、案例教学法、演示法 （2）重点与难点：安全风险评估方法	2
		（3）安全风险评估过程	1）安全风险评估过程 ①定义风险评估的目标 ②成立风险评估小组 ③选择风险评估方法 ④收集风险评估信息数据	（1）方法：讲授法、讨论法、案例教学法、演示法、实训（练习）法	3

续表

模块	课程	学习单元	课程内容	培训建议	课堂学时
3．保卫管理	3-2 安全风险管理	（3）安全风险评估过程	2）安全风险识别 ①安全风险识别的内容 ②风险识别目标及过程	（2）重点与难点：安全风险识别、分析、评价及应对	
			3）安全风险分析 ①安全风险分析的内容 ②风险事件可能性分析 ③风险事件后果分析		
			4）安全风险评价 ①风险评价的含义 ②风险接受准则		
			5）安全风险应对 ①安全风险应对的含义 ②风险应对方式		
		（4）安全风险评估报告编制	1）安全风险评估报告基本要求	（1）方法：讲授法、实训（练习）法 （2）重点与难点：安全风险评估报告框架	1
			2）安全风险评估报告框架		
	3-3 队伍建设	治安保卫重点单位专职保卫机构与专职保卫人员配置	1）治安保卫重点单位的特征和范围 ①治安保卫重点单位的特征 ②治安保卫重点单位的范围	（1）方法：讲授法、讨论法 （2）重点与难点：治安保卫重点单位专职治安保卫机构和专职治安保卫人员配置的特殊要求	1
			2）治安保卫重点单位专职治安保卫机构和专职治安保卫人员配置的特殊要求 ①治安保卫重点单位专职治安保卫机构设置的特殊要求 ②治安保卫重点单位专职治安保卫人员配置的特殊要求		
4．应急管理	4-1 应急准备	（1）“组建联合应急处置机构”方案编制	1）中小企业组建联合应急救援队伍的背景及相关要求 ①加强基层应急队伍建设的迫切性 ②中小企业应急队伍建设的具体要求	（1）方法：讲授法、讨论法 （2）重点与难点：中小企业应急队伍建设的具体要求、“组建联合应急处置机构”方案的具体编制要求	1
			2）“组建联合应急处置机构”方案的具体编制要求		

续表

模块	课程	学习单元	课程内容	培训建议	课堂学时
4．应急管理	4-1　应急准备	（2）单位应急预案管理	1）应急预案管理的含义及内容 ①应急预案管理的含义 ②应急预案管理的内容 2）单位应急预案的动态管理 ①单位应急预案编制 ②单位应急预案评审备案 ③单位应急预案启动 ④单位应急预案宣传教育培训 ⑤单位应急预案演练 ⑥单位应急预案评估 ⑦单位应急预案修订 ⑧单位应急预案监督管理制度	（1）方法：讲授法、讨论法、案例教学法 （2）重点与难点：单位应急预案的动态管理	2
		（3）单位应急制度与机制建设	1）单位应急制度建设 ①应急制度的概念 ②单位应急制度的制定目标 ③单位应急制度的制定原则 ④单位应急制度的主要内容 2）单位应急机制建设 ①应急机制的内涵与特点 ②单位应急机制的内容	（1）方法：讲授法、讨论法、案例教学法 （2）重点与难点：单位应急制度的内容、单位应急机制的内容	2
		（4）单位应急能力评估	1）单位应急能力评估相关概念及内容 ①单位应急能力 ②单位应急能力评估 2）单位应急能力评估的方法	（1）方法：讲授法、讨论法、案例教学法 （2）重点与难点：单位应急能力评估的内容	2
	4-2　应急处置	（1）突发事件沟通	1）突发事件沟通的要求和方法 ①突发事件沟通要求 ②突发事件沟通的步骤与方法 2）突发事件沟通与协调的具体实施	（1）方法：讲授法、讨论法、案例教学法 （2）重点与难点：突发事件沟通与协调的具体实施	2

续表

模块	课程	学习单元	课程内容	培训建议	课堂学时
4．应急管理	4-2 应急处置	（2）突发事件舆情应对	1）突发事件信息发布的要求和方法 ①突发事件信息发布的要求 ②突发事件信息发布的方法	（1）方法：讲授法、讨论法、案例教学法 （2）重点与难点：单位突发事件舆情应对的具体开展	4
			2）突发事件现场新闻采访管理的方法策略 ①新闻采访接待的基本策略 ②新闻采访应对		
			3）突发事件网络舆情分析 ①突发事件网络舆情形成机制 ②突发事件网络舆情传播特点 ③突发事件网络舆情发展阶段 ④突发事件网络舆情分析方法		
			4）单位突发事件舆情应对的具体开展 ①单位突发事件舆情应对的工作要求 ②单位突发事件舆情应对措施		
		（3）突发事件现场评估	1）突发事件性质的评估	（1）方法：讲授法、讨论法、案例教学法 （2）重点与难点：突发事件现场评估中的性质评估、损失评估	2
			2）人员伤亡情况的评估		
			3）损失评估		
	4-3 总结与恢复	（1）应急处置报告撰写	1）应急处置报告的主要内容	（1）方法：讲授法、讨论法、案例教学法、实训（练习）法 （2）重点与难点：应急处置报告的主要内容	1
			2）应急处置报告的撰写要求		

续表

模块	课程	学习单元	课程内容	培训建议	课堂学时
4．应急管理	4-3 总结与恢复	（2）应急效果评价	1）应急效果评价指标 ①损失评估 ②衍生评价 ③绩效评价	（1）方法：讲授法、讨论法、案例教学法 （2）重点与难点：应急效果评价指标	2
			2）应急效果评价方法		
		（3）突发事件事后恢复	1）单位正常秩序的恢复 ①损失评估 ②修订恢复计划 ③寻求恢复所需资源 ④处理遗留问题 ⑤工作条件重建	（1）方法：讲授法、讨论法、案例教学法 （2）重点与难点：单位正常秩序的恢复、单位职工心理恢复	2
			2）相关区域的生活秩序恢复 ①受害者安抚与赔偿 ②居住安置 ③社会网络复原 ④社区重建		
			3）单位职工心理恢复		
5．培训与指导	5-1 培训实施	（1）单位保卫人员培训需求分析	1）单位保卫人员培训需求分析概述	（1）方法：讲授法、讨论法 （2）重点与难点：单位保卫人员培训需求分析的步骤与方法	2
			2）单位保卫人员培训需求分析的要求		
			3）单位保卫人员培训需求分析的步骤与方法 ①培训需求分析的步骤 ②培训需求分析的方法		
		（2）单位保卫人员培训规划编制和培训预算审核	1）单位保卫人员培训规划编制 ①单位保卫人员培训规划的特点 ②单位保卫人员培训规划应包含的内容 ③编制单位保卫人员培训规划的步骤	（1）方法：讲授法、讨论法 （2）重点与难点：单位保卫人员培训规划的编制步骤	1
			2）单位年度保卫人员培训预算审核与决算审核		

续表

模块	课程	学习单元	课程内容	培训建议	课堂学时
5．培训与指导	5-1　培训实施	（3）单位保卫业务培训讲义和教案编写知识	1）单位保卫业务培训讲义和教案编写概述 2）单位保卫业务培训讲义和教案的编写要求和方法 ①单位保卫业务培训讲义和教案的编写要求 ②单位保卫业务培训讲义和教案的编写方法	（1）方法：讲授法、讨论法 （2）重点与难点：单位保卫业务培训讲义和教案的编写要求和方法	2
	5-2　业务指导	（1）单位保卫人员培训督导	1）单位保卫人员培训督导实施 ①单位保卫人员培训督导概述 ②单位保卫人员培训督导的方法 2）单位保卫人员培训考核指导 ①培训考核的原则 ②制订培训考核方案 ③培训考核的内容	（1）方法：讲授法、讨论法 （2）重点与难点：单位保卫人员培训督导的方法、单位保卫人员培训考核的内容	1
		（2）单位保卫人员培训效果评价	1）单位保卫人员培训效果评价概述 ①培训效果评价的含义 ②培训效果评价的基本原则 ③培训效果评价的作用 ④培训效果评价的信息 2）单位保卫人员培训效果评价的方法 ①四级评价法 ②目标评价法 ③测试比较法	（1）方法：讲授法、讨论法 （2）重点与难点：单位保卫人员培训效果评价的方法	2
课堂学时合计					60

2.2.5　培训建议中培训方法说明

1．讲授法

讲授法指教师主要运用语言讲述，系统地向学员传授知识，传播思想观念的教学方法。即教师通过叙述、描绘、解释、推论来传递信息、传授知识、阐明概念、论证定律和公式，引导学员获取知识，认识和分析问题。

2．讨论法

讨论法指在教师的指导下，学员以班级或小组为单位，围绕学习单元的内容，对某一专题进行深入探讨，通过讨论或辩论活动，从而获得知识或巩固知识的一种教学方法，要求教师在讨论结束时对讨论的主题做归纳性总结。

3．实训（练习）法

实训（练习）法指学员在教师的指导下巩固知识、运用知识，形成技能技巧的方法。通过实际操作练习，形成操作技能。

4．参观法

参观法指教师组织或指导学员进行实地观察、调查、研究和学习，使学员获得新知识或巩固已学知识的教学方法。参观教学法可分为“准备性参观、并行性参观、总结性参观”等。

5．演示法

演示法指在教学过程中，教师通过示范操作和讲解使学员获得知识、技能的教学方法。教学中，教师对操作内容进行现场演示，边操作，边讲解，强调操作的关键步骤和注意事项，使学员边学边做，理论与技能并重，师生互动，提高学生的学习兴趣和学习效率。

6．案例教学法

案例教学法指通过对案例进行分析，提出问题，分析问题，并找到解决问题的途径和手段，培养学员分析问题、处理问题的能力。

7．项目教学法

项目教学法指以实际应用为目的，将理论知识与实际工作相结合，通过师生共同完成一个完整的“项目”工作，使学员获得知识和实践操作能力与解决实际问题能力的教学方法。其实施以小组为学习单位，一般可分为确定项目任务、计划、决策、实施、检查和评价 6 个步骤。强调学员在学习过程中的主体地位，以学员为中心，以学员学习为主、教师指导为辅，通过完成教学项目，激发学习积极性，使学员既获得相关理论知识，又掌握实践技能和工作方法，提高学员解决实际问题的综合能力。

8．实物示教法

实物示教法指教师通过实物的操作演示或对学员实物操作演示的评价，实现对学员技能操作步骤和要领掌握情况的检查、纠错、修正，并演示正确操作方法的一种教学方法。

9．观摩法

观摩法主要指让学员通过现场观摩、观看视频等形式，学习、获取知识和技能的一种教学方法。

2.3 考核规范

2.3.1 职业基本素质培训考核规范

考核范围	考核比重（%）	考核内容	考核比重（%）	考核单元
1．职业认知与职业道德	20	1-1 职业认知	5	职业认知
		1-2 职业道德基本知识	10	职业道德基本知识
		1-3 职业守则	5	职业守则
2．基础知识	25	2-1 基础理论知识	5	（1）保卫工作的含义与发展历程
			5	（2）保卫工作的性质、特点和作用
			5	（3）保卫工作的方针、原则和任务
			4	（4）保卫工作的监督管理体制和机构设置
			3	（5）保卫工作与社会治安综合治理
			3	（6）单位保卫工作与社会治安防控体系建设
	30	2-2 专业基础知识	4	（1）安全防范知识
			4	（2）事故预防和调查知识
			4	（3）单位内部犯罪预防知识
			4	（4）治安保卫重点单位及重要部位
			2	（5）单位信息安全与保密知识
			4	（6）消防安全知识
			3	（7）突发事件应急管理知识
			3	（8）反恐怖工作相关知识
			2	（9）道路交通安全知识

续表

考核范围	考核比重（%）	考核内容	考核比重（%）	考核单元
2. 基础知识	25	2-3　相关法律、法规知识	2	（1）民事法律知识
			2	（2）劳动与社会保障法律知识
			4	（3）刑事法律知识
			4	（4）治安管理法律知识
			3	（5）国家安全法律知识
			7	（6）行政法规知识
			3	（7）《信访工作条例》相关知识

2.3.2　三级 / 高级职业技能培训理论知识考核规范

考核范围	考核比重（%）	考核内容	考核比重（%）	考核单元
1. 组织防范	35	1-1　勤务实施	10	（1）出入口守卫勤务实施
				（2）目标部位守护勤务实施
				（3）巡逻勤务实施
				（4）单位内部道路交通管理勤务
		1-2　秩序维护	10	（1）单位治安防范
				（2）单位治安保卫制度
				（3）单位治安信息收集
		1-3　安全检查	10	（1）安全检查概述
				（2）治安隐患排查
				（3）矛盾纠纷摸排
				（4）保卫勤务执行情况检查
		1-4　防卫术应用	5	（1）防卫术基本知识
				（2）防卫的防护技术
2. 技术防范	15	2-1　系统辨识	10	（1）技术防范的基本概念和架构
				（2）入侵和紧急报警系统基本组成与功能
				（3）视频监控系统基本组成和主要功能
				（4）出入口控制系统
				（5）智能技术防范系统
				（6）其他技术防范子系统基本组成和功能

续表

考核范围	考核比重（%）	考核内容	考核比重（%）	考核单元
2．技术防范		2-2　技术防范系统操作	5	（1）入侵和紧急报警系统操作
				（2）视频监控系统操作
				（3）出入口控制系统操作
				（4）电子巡查系统操作
3．保卫管理	15	3-1　人员管理	5	（1）单位实有人口管理
				（2）单位保安员管理
				（3）单位保卫人员及重要部位工作人员管理
		3-2　宣传教育	5	（1）消防、交通安全宣传教育
				（2）反恐怖宣传教育
				（3）单位群防群治宣传教育
				（4）单位法治宣传教育
		3-3　档案管理	3	保卫工作业务档案管理和运用计算机管理保卫工作档案
		3-4　文书制作	2	文书类型与制作方法
4．应急管理	20	4-1　先期处置	10	（1）单位突发事件报告
				（2）常用应急设施、装备、物资的类型与使用
				（3）单位突发事件现场人员的自救与互救
				（4）单位突发事件现场人员安全疏散
		4-2　现场秩序维护	10	（1）单位突发事件现场控制
				（2）单位外部应急力量支援
5．培训与指导	15	5-1　培训实施	10	（1）保安员岗位业务培训
				（2）保安员岗位业务考核
		5-2　业务指导	5	（1）保安员岗位业务指导
				（2）单位外包服务人员管理与安全教育

2.3.3 三级 / 高级职业技能培训操作技能考核规范

考核范围	考核比重（%）	考核内容	考核比重（%）	考核形式	选考方式	考核时间（分钟）	重要程度[①]
1. 组织防范	30	1–1 勤务实施	9	实操	必考	30	X
		1–2 秩序维护	9	实操	必考		X
		1–3 安全检查	9	实操	必考		X
		1–4 防卫术应用	3	实操	选考		Y
2. 技术防范	25	2–1 系统辨识	15	实操	必考	25	X
		2–2 技术防范系统操作	10	实操	必考		X
3. 保卫管理	15	3–1 人员管理	5	实操	必考	20	X
		3–2 宣传教育	5	实操	必考		X
		3–3 档案管理	3	实操	选考		Y
		3–4 文书制作	2	实操	选考		Y
4. 应急管理	20	4–1 先期处置	10	实操	必考	25	X
		4–2 现场秩序维护	10	实操	必考		X
5. 培训与指导	10	5–1 培训实施	5	实操	必考	20	X
		5–2 业务指导	5	实操	必考		Y

2.3.4 二级 / 技师职业技能培训理论知识考核规范

考核范围	考核比重（%）	考核内容	考核比重（%）	考核单元
1. 组织防范	25	1–1 方案策划	15	（1）单位治安保卫工作计划编制
				（2）单位治安保卫工作总结撰写
				（3）单位治安保卫工作实施方案编制
				（4）单位治安保卫工作制度制定
				（5）单位突发事件应急预案编制
		1–2 目标保卫	10	（1）单位治安保卫重要部位确定
				（2）单位治安隐患识别

① 重要程度栏目用“X”“Y”“Z”标注，“X”表示核心要素，“Y”表示一般要素，“Z”表示辅助要素。

续表

考核范围	考核比重（%）	考核内容	考核比重（%）	考核单元
2．技术防范	15	2-1　系统工程建设管理	5	（1）入侵和紧急报警系统
				（2）视频监控系统
				（3）出入口控制系统
				（4）其他安全防范子系统
				（5）安全防范工程建设基本程序
		2-2　安全防范系统运维管理	10	（1）安全防范系统设备运行的基本要求
				（2）安全防范系统设备维护保养的基本要求
				（3）安全防范系统检测的基本要求
				（4）安全防范系统设备常见故障的表现形式和处置程序
3．保卫管理	20	3-1　制度落实	10	（1）单位保卫工作责任制
				（2）单位保卫工作制度执行
		3-2　队伍建设	10	（1）单位保卫人员思想道德教育
				（2）单位保卫人员培养计划
				（3）单位保卫人员考评
4．应急管理	25	4-1　应急准备	10	（1）应急演练开展
				（2）应急资源调查
				（3）应急资源配置和管理
				（4）单位反恐怖工作防范措施
				（5）单位应急力量日常训练
		4-2　应急处置	15	（1）单位应急预案启动
				（2）应急资源调配的基本原则和要求
				（3）现场信息管理、沟通的基本方法和措施
				（4）现场潜在危险的识别方法

续表

考核范围	考核比重（%）	考核内容	考核比重（%）	考核单元
5．培训与指导	15	5–1 培训实施	10	（1）单位保卫人员业务培训管理
				（2）单位保卫人员年度培训工作计划制订
				（3）单位保卫人员培训实施方案编制
		5–2 业务指导	5	（1）单位保卫人员业务指导
				（2）单位保卫人员业务考核

2.3.5 二级 / 技师职业技能培训操作技能考核规范

考核范围	考核比重（%）	考核内容	考核比重（%）	考核形式	选考方式	考核时间（分钟）	重要程度
1．组织防范	25	1–1 方案策划	15	实操	必考	25	X
		1–2 目标保卫	10	实操	必考		X
2．技术防范	15	2–1 系统工程建设管理	5	实操	必考	20	Y
		2–2 安全防范系统运维管理	10	实操	必考		X
3．保卫管理	25	3–1 制度落实	15	实操	必考	25	X
		3–2 队伍建设	10	实操	必考		X
4．应急管理	25	4–1 应急准备	10	实操	必考	30	X
		4–2 应急处置	15	实操	必考		X
5．培训与指导	10	5–1 培训实施	5	实操	必考	20	Y
		5–2 业务指导	5	实操	必考		X

2.3.6 一级 / 高级技师职业技能培训理论知识考核规范

考核范围	考核比重（%）	考核内容	考核比重（%）	考核单元
1．组织防范	20	1–1 规划	10	（1）单位保卫工作规划编制
				（2）单位反恐应急预案编制

续表

考核范围	考核比重（%）	考核内容	考核比重（%）	考核单元
1．组织防范		1-2　评价	10	（1）单位保卫工作实施过程监督指导
				（2）单位保卫工作制度执行情况评价
				（3）单位保卫工作评价
				（4）单位涉恐风险评估
2．技术防范	15	2-1　系统应用管理	5	（1）技术防范系统标准化的基本要求
				（2）技术防范工程建设规划、程序和相关要求
		2-2　系统效能管理	10	（1）技术防范系统运行使用效能评估的概念和基本原则
				（2）技术防范系统运行使用效能评估的程序和要求
3．保卫管理	20	3-1　目标管理	5	（1）单位保卫工作目标管理
				（2）单位安全防范工作评估与决策
		3-2　安全风险管理	10	（1）安全风险评估基础知识
				（2）安全风险评估的内容与方法
				（3）安全风险评估过程
				（4）安全风险评估报告编制
		3-3　队伍建设	5	治安保卫重点单位专职保卫机构与专职保卫人员配置
4．应急管理	30	4-1　应急准备	10	（1）“组建联合应急处置机构”方案编制
				（2）单位应急预案管理
				（3）单位应急制度与机制建设
				（4）单位应急能力评估
		4-2　应急处置	10	（1）突发事件沟通
				（2）突发事件舆情应对
				（3）突发事件现场评估
		4-3　总结与恢复	10	（1）应急处置报告编写
				（2）应急效果评价
				（3）突发事件事后恢复

续表

考核范围	考核比重（%）	考核内容	考核比重（%）	考核单元
5．培训与指导	15	5–1　培训实施	5	（1）单位保卫人员培训需求分析
				（2）单位保卫人员培训规划编制和培训预算审核
				（3）单位保卫业务培训讲义和教案编写知识
		5–2　业务指导	10	（1）单位保卫人员培训督导
				（2）单位保卫人员培训效果评价

2.3.7　一级 / 高级技师职业技能培训操作技能考核规范

考核范围	考核比重（%）	考核内容	考核比重（%）	考核形式	选考方式	考核时间（分钟）	重要程度
1．组织防范	20	1–1　规划	10	实操	必考	20	X
		1–2　评价	10	实操	必考		X
2．技术防范	10	2–1　系统应用管理	5	实操	必考	20	X
		2–2　系统效能管理	5	实操	必考		Y
3．保卫管理	30	3–1　目标管理	5	实操	必考	30	X
		3–2　安全风险管理	20	实操	必考		X
		3–3　队伍建设	5	实操	必考		Y
4．应急管理	30	4–1　应急准备	10	实操	必考	30	X
		4–2　应急处置	10	实操	必考		X
		4–3　总结与恢复	10	实操	必考		X
5．培训与指导	10	5–1　培训实施	5	实操	必考	20	X
		5–2　业务指导	5	实操	必考		Y